AF331399

JANVIER.

Les jours augmentent en ce Mois de 30 m. le matin et 30 m. le soir.

... 23 m. du soir. V. N. O, gelées, brouillard, beau temps ... de l'hiver. — D. Q. le 12 à 9 h. 17 m. du soir. V ... humide, pluie froide. — N. L. le 19 à 6 h. 0 m. du soir ... O, sombre, humide V. N. E., neige, gelées blanches. — P. Q. le 27 à 0 h. 0 m. du soir. V. N. E., petites gelées, neige, beau temps.

JOURS DU MOIS	NOMS DES SAINTS.	PRÉDIC. DU MOIS	SOL LEV	SOL COU	LUNE LEVER.	LUNE COUCH.
1 lundi	CIRCONCISION	nuageu	7 45	4 15	0 57	3 48
2 mard	s. Basile.	grains	7 45	4 16	1 37	4 49
3 mer.	ste. Geneviè.	grains	7 44	4 16	2 24	5 46
4 jeudi	s. Tite.	pluie, l.	7 44	4 17	3 18	6 35
5 vend	s. Siméon. V.	p. gelée	7 43	4 17	4 22	7 18
6 sam	ÉPIPHANIE.	beau t.	7 42	4 18	5 30	7 54
7 1 D.	ste. Mélanie.	brouil.	7 41	4 19	6 40	8 26
8 lundi	s. Lucien	beau t.	7 40	4 20	7 52	8 54
9 mard	s. Julien.	gelée	7 40	4 21	9 6	9 18
10 mer.	s. Guillaume	brum.	7 39	4 22	10 20	9 41
11 jeudi	ste Hortense.	gelée.	7 38	4 23	11 37	10 5
12 vend	s. Benoît.	brouil.	7 37	4 24		10 28
13 sam	Bapt. de J.C	sombre	7 36	4 25	0 49	10 55
14 2 D.	s. Hilaire.	humide	7 35	4 26	2 8	11 39
15 lundi	s. Maur.	brouil	7 34	4 26	3 23	0 13
16 mard	s. Marcelin.	nébul	7 33	4 27	4 31	1 5
17 mer	s. Antoine.	pluie f.	7 32	4 28	5 32	2 5
18 jeudi	ch. s. P. à R.	brumeu	7 31	4 30	6 23	3 13
19 vend	s. Sulpice	sombre	7 30	4 31	7 4	4 26
20 sam.	s. Fab. s. Séb	humide	7 29	4 3.	7 36	5 37
21 3 D.	ste. Agnès.	sombre	7 28	4 3.	8 1	6 52
22 lund	s. Vincent	humide	7 27	4 34	8 24	8 0
23 mard	s. Ildefonse	pluie	7 26	4 3.	8 47	9 10
24 mer	s. Thimoth.	neige.	7 25	4 36	9 8	10 16
25 jeud	Conv. s. P.	nuagen	7 24	4 3.	9 28	11 20
26 vend	s. Sylvain.	gelée b.	7 23	4 38	9 50	
27 sam.	s. Julien ev	p. gelée	7 22	4 39	10 15	0 23
28 4 D.	s. Hermine.	sombre	7 20	4 41	10 48	1 26
29 lundi	s. Fran. de S.	neige.	7 19	4 42	11 24	2 28
30 mar.	ste. Martine	sombre	7 18	4 43	0 5	3 25
31 mer.	ste. Eudoxie.	nuageux	7 16	4 44	0 5	4 17

FÉVRIER.

Les Jours croissent en ce Mois de 45 m. le matin [...] *oir.*

P. L. le 4 à 8 h. 22 m. du matin. V. N. E., gelée [...]
pluie, nuages. — D. Q. le 11 à 5 h. 1 m. du matin [...] gelées, brouillard, beau temps, sombre, pluie, crue d'une lente aug-
mentation. — N. L. le 18 à 8 h. 25 m. du matin. V. N. O., sombre,
humide. — P. Q. le 26 à 9 h. 38 m. du matin V. N. E., neige,
beau temps.

JOURS DU MOIS.	NOMS DES SAINTS.	PRÉDIC. DU MOIS.	SOL LEV	SOL COU	LUNE LEVER.		LUNE COUCH.	
1 jeudi	s. Ignace, M.	beau	7 14	4 47	1	soir. 57	5	matin. 4
2 vend.	PURIFICATI.	sombre	7 13	4 48	3	3	5	44
3 sam.	s. Blaise.	gelée b.	7 11	4 50	4	14	6	17
4 DIM.	sept. s. André	gelée b.	7 10	4 51	5	28	6	47
5 lundi	ste. Agathe	nuageu.	7 9	4 52	6	43	7	13
6 mard	ste. Dorothé.	neige.	7 7	4 54	8	0	7	37
7 mer.	s. Théodore.	sombre.	7 5	4 55	9	16	8	3
8 jeudi	s. Jean de M	humide	7 4	4 57	10	34	8	27
9 vend.	ste. Apolline	nuageu.	7 2	4 58	11	50	8	53
10 sam.	ste. Scholast	sombre	7 0	5 0			9	26
11 DIM.	sex. ste Euph.	beau t.	6 59	5 2	1	matin. 6	10	5
12 lundi	ste. Eulalie.	brouil.	6 58	5 3	2	18	10	52
13 mard	ste. Fusque.	sombre	6 56	5 5	3	20	11	49
14 mer.	s. Valentin.	humide	6 55	5 6	4	14	0	soir. 56
15 jeudi	s. Faustin.	beau t.	6 53	5 8	4	58	2	7
16 vend.	ste. Julie.	sombre	6 52	5 9	5	33	3	19
17 sam.	ste. Marianne	giboulé	6 50	5 11	6	4	4	34
18 DIM.	Quin. s. Simé.	humide	6 48	5 13	6	30	5	44
19 lundi	s. Orain.	sombre	6 46	5 14	6	51	6	52
20 mard	Mardi Gras.	humide	6 45	5 16	7	11	7	57
21 mer.	CENDRES.	sombre	6 43	5 17	7	32	9	2
22 jeudi	ste. Isabelle.	pluie	6 42	5 19	7	53	10	6
23 vend.	ste. Mar. Vig.	gelée	6 40	5 20	8	18	11	10
24 sam	s. Mathias.	nuageu.	6 39	5 22	8	48		
25 1 D.	Quad. s. Cés.	gelée b.	6 38	5 23	9	21	0	matin. 13
26 lundi	s. Alexandre	p. gelée	6 36	5 25	10	1	1	13
27 mard	ste. Honorine	sombre	6 34	5 27	10	49	2	7
28 mer.	ste Avel Q. T.	neige	6 32	5 28	11	44	2	55
29 jeudi	s. Sévère.	gelée	6 30	5 30	0	soir. 46	3	38

MARS.

Les Jours croissent en ce Mois de 52 m. le matin et 52 m. le soir.

P. L. le 4 à 8 h. 44 m. du soir. V. N. E., neige, sombre humide, crue. — D. Q. le 11 à 1 h. 3 m. du soir. V. S. E., beau temps, sombre, humide, giboulées, continuation de la crue. — N. L. le 19 0 h. 3 m. du matin. V. N. E., gelées blanches, beau temps, petite crue. Flor. de l'ormeau, des abricotiers, des pêchers. — P. Q. le 27 à 4 h. 48 m. du matin. V. N. E., nuages, pluie, humide. Flor. du frêne, chattons du noisetier, feuillaison du rosier calender.

JOURS DU MOIS	NOMS DES SAINTS.	PRÉDIC. DU MOIS	SOL LEV	SOL COU	LUNE LEVER.	LUNE COUCH.
1 vend.	s. Aub. *Q T*	sombre	6 29	5 32	1 55 soir.	4 1 matin.
2 sam.	ste Mac. *Q T*	beau	6 27	5 34	3 7	4 47
3 2 D.	*Rem.* s. Guig	sombre	6 25	5 36	4 23	5 15
4 lundi	s. Casimir.	gelée b.	6 24	5 37	5 40	5 41
5 mard.	s. Adrien.	sombre	6 22	5 39	6 58	6 6
6 mer.	ste. Colette.	nuageu.	6 20	5 41	8 18	6 32
7 jeudi	ste Félicité.	neige	6 19	5 42	9 38	7 1
8 vend.	s. Jean de D.	sombre	6 17	5 44	10 57	7 32
9 sam.	ste. Françoise	humide	6 15	5 46		8 10
10 3 D.	*Oculi.* s. Fir	nuageu	6 14	5 47	0 11	8 57
11 lundi	s. Candide.	sombre	6 12	5 49	1 18 matin.	9 51
12 mard	s. Paul de L.	beau t.	6 10	5 51	2 14	10 55
13 mer.	s Euphrasie	brouil.	6 9	5 52	3 0	0 4 soir.
14 jeudi	ste. Matilde.	sombre	6 7	5 54	3 39	1 16
15 vend	s. Zacharie.	humide	6 5	5 56	4 10	2 26
16 sam.	s. Abraham.	beau t.	6 4	5 57	4 39	3 35
17 4 D.	*Læt.* s. Patr.	sombre	6 2	5 59	5 0	4 42
18 lundi	s. Cyrille.	giboul.	6 0	6 1	5 20	5 50
19 mard	s. Joseph.	gelée b.	5 59	6 2	5 42	6 55
20 mer.	s. Joachim.	beau t.	5 57	6 4	6 4	8 0
21 jeudi	s. Benoit.	gelée b.	5 55	6 6	6 30	9 5
22 vend	ste. Lée.	gelée	5 54	6 7	6 57	10 7
23 sam.	s. Fidèle.	beau	5 52	6 9	7 28	11 5
24 Dim.	passion s Ag	gelée.	5 50	6 11	8 5	
25 lundi	annonciat.	beau	5 49	6 12	8 49	0 3 matin.
26 mard	s. Montan.	beau	5 47	6 14	9 40	0 54
27 mer.	s. Auguste.	gelée	5 45	6 16	10 40	1 39
28 jeudi	s. Gontran.	sombre	5 44	6 17	11 43	2 18
29 vend.	s. Eustase.	beau t.	5 42	6 19	0 53 soir.	2 51
30 sam.	s. Jean Clim	nuageu	5 40	6 21	2 4	3 22
31 Dim.	sam. ste. M. E.	pluie f.	5 38	6 23	3 17	3 48

AVRIL.

Les Jours croissent en ce Mois de 48 m. le matin et 49 m. le ...

P. L. le 3 à 6 h. 48 m. du matin. V. E., beau temps, chaleur. *Ouverture du printemps.* Flor. du peuplier, de l'épine noire; arrivée des hirondelles. — D. Q. le 9 à 10 h. 1 m. du soir. V. S. E. beau temps; V. S. O., petits grains, nuages. Flor. du poirier, du pissenlit. — N. L. le 17 à 6 h. 26 m. du soir. V. S. E., sombre, humide; V. O., pluvieux. — P. Q. le 25 à 8 h. 12 m. du soir. Fort V. O. humide, pluv. Végét. de la vigne. Flor. des cerisiers; chant du coucou.

JOURS DU MOIS.	NOMS DES SAINTS.	PRÉDIC. DU MOIS	SOL LEV	SOL COU	LUNE LEVER.	LUNE COUCH.
1 lundi	s. Hugues.	humide	5 37	6 24	4 soir 34	4 matin 12
2 mard	s. Franç. de P	sombre	5 35	6 26	5 54	4 38
3 mer.	ste. Faré.	beau t.	5 34	6 27	7 18	5 6
4 jeudi	s. Isidore.	beau t.	5 32	6 29	8 40	5 37
5 vend.	Vendredi s.	beau t.	5 30	6 31	10 0	6 13
6 sam.	s. Célestin.	beau t.	5 28	6 33	11 13	6 59
7 Dim.	PAQUES.	nuageu.	5 26	6 34		7 53
8 lundi	s. Edèse.	beau t.	5 25	6 36	0 matin 17	8 55
9 mard	s. Procore.	pluie	5 23	6 38	1 8	10 3
10 mer	s. Ezéchiel.	nuageu.	5 21	6 40	1 50	11 16
11 jeudi	s. Léon le g	beau t.	5 20	6 41	2 23	0 soir 29
12 vend.	s. Jules, p.	pluie.	5 18	6 43	2 50	1 39
13 sam.	ste Hermen.	humide	5 17	6 44	3 13	2 44
14 1 D.	QUASIMODO	grains	5 15	6 46	3 35	3 49
15 lundi	sté. Anastas	nuageu.	5 13	6 48	3 57	4 53
16 mard	s. Paterne.	beau t	5 11	6 50	4 18	6 0
17 mer.	s. Etienne.	nuageu	5 9	6 51	4 41	7 4
18 jeudi	ste Apoline	pluie	5 8	6 53	5 7	8 3
19 vend.	s. Léon, p.	humide	5 6	6 55	5 38	9 5
20 sam.	s Marcellin	grains	5 4	6 56	6 11	10 1
21 2 D.	s. Anselme.	nuageu	5 3	6 58	6 52	10 53
22 lundi	ste. Opportu.	beau t.	5 2	6 59	7 41	11 40
23 mard	s. George.	tempét.	5 0	7 1	8 37	
24 mer.	s. Wilfrid.	nuageu	4 59	7 2	9 37	0 matin 21
25 jeudi	s. Marc. abr	pluvieu	4 57	7 4	10 42	0 56
26 vend.	s. Clet.	humide	4 56	7 5	11 51	1 27
27 sam.	s. Théophile.	sombre	4 55	7 6	1 soir 2	1 53
28 3 D.	s. Vital.	pluvieu.	4 53	7 8	2 17	2 19
29 lundi	s. Pierre.	nuageu.	4 52	7 9	3 35	2 44
30 mard	ste. Cather.	beau t.	4 50	7 11	4 54	3 10

MAI.

Les Jours croissent en ce Mois de 37 m. le matin et 37 m. le soir.

P. L. le 2 mai à 3 h. 12 m. du soir, V. E., gelée gomme, nuageux, beau temps. Chant du rossignol, les hirondelles commencent à nicher. — D. Q. le 9 à 8 h. 20 m. du matin. V. N. O., beau temps, pluies douces. Flor. du lin, du lilas, de l'aubépine blanche. — N. L. le 17 à 8 h. 51 m. du matin. V. S. E. nuageux, pluie. Flor. du thymale, des marronniers, des fèves. — P. Q. le 25 à 7 h. 27 m. du matin. V. N. O., nuageux, grains. Flor. du seigle, de la Pentecôte. — P. L. le 31 à 10 h. 44 m. du soir. V. N. O., pluie par grains.

JOURS DU MOIS.	NOMS DES SAINTS.	PRÉDIC. DU MOIS	SOL LEV	SOL COU	LUNE LEVER.	LUNE COUCH.
1 mer.	ss. Jacq Phil.	sombre	4 48	7 13	6 s. 14	3 matin 39
2 jeudi	s. Athanase	gelée g.	4 47	7 14	7 37	4 12
3 vend	Inv. ste. Cr	gelée g.	4 45	7 16	8 54	4 52
4 sam	ste Hélène	gelée g.	4 43	7 17	10 4	5 42
5 4 D.	s. Pie	sombre	4 41	7 19	11 2	6 44
6 lundi	s. Jean P. Lat	sombre	4 40	7 21	11 51	7 54
7 mard	s. Stanislas	gomme	4 39	7 22		9 6
8 mer.	ste. Aglaé	beau t.	4 38	7 23	0 matin 27	10 19
9 jeudi	s. Grégoire	nuageu	4 37	7 24	0 55	11 31
10 vend.	s. Antonin	beau t.	4 36	7 25	1 22	10 soir 40
11 sam.	s. Anthime	sombre	4 34	7 27	1 45	1 47
12 5 D.	s. Epiphane	sombre	4 33	7 28	2 7	2 51
13 lundi	Rog s. J. le S.	sombre	4 32	7 29	2 28	3 56
14 mard	s. Boniface	nuageu	4 31	7 30	2 49	4 59
15 mer.	s. Achille	beau t.	4 30	7 31	3 14	6 1
16 jeudi	ASCENSION	pluvieu	4 29	7 32	3 43	7 1
17 vend	ste Restitue	pluvieu	4 28	7 33	4 16	7 58
18 sam.	s. Félix	sombre	4 26	7 34	4 55	8 53
19 6 D.	s. Yves	nuageu	4 25	7 35	5 40	9 40
20 lundi	s. Pernardin	nuageu	4 24	7 37	6 44	10 22
21 mard	s. Thibaud	nuageu	4 23	7 38	7 33	11 0
22 mer	s. Emile	nuageu	4 22	7 39	8 35	11 30
23 jeudi	ste. Julienne	beau t.	4 21	7 40	9 42	11 56
24 vend.	ss. Don. Rog	beau t.	4 20	7 41	10 50	
25 sam.	s. Aug. V. J.	nuageu	4 19	7 42	0 soir 1	10 matin 20
26 Dim.	PENTECO.	grains	4 18	7 43	1 31	0 45
27 lundi	s. Jean, pape	grains	4 17	7 44	2 24	11 9
28 mard	s. Germain	grains	4 16	7 45	3 46	35
29 mer.	ste Mar. Q T	beau t.	4 15	7 46	5 6	2 8
30 jeudi	s. Ferdinand	sombre	4 14	7 47	6 25	2 41
31 vend.	ste Perr. Q. T.	nuageu	4 13	7 48	7 19	3 26

JUIN.

Les Jours croissent de 14 m. avant le 21 et dim. de 5 après le 2

D.Q. le 7 juin à 8 h. 24 m. du matin V.S.O., pluies par grande, nuageux. Flor. des rosiers calenders. — N.L. le 16 à 0 h. 19 m. du matin. V.S.O., nuageux; pluie d'orage. Le froment se forme en épi. — P.Q. le 23 à 3 h. 16 m. du soir. V.S.O. et N.O., grains; nuageux; petite crue. Flor. du froment. — P.L. le 30 à 6 h. 6 m. du matin. V.N.E. et E., chaleur, beau temps, ciel voilé, continuation de crue et diminution. Fauchaisons.

JOURS DU MOIS	NOMS DES SAINTS.	PRÉDIC DU MOIS	SOL. LEV	SOL. COU	LUNE LEVER.	LUNE COUCH.
1 sam	s. Jouin Q.T	nuageu,	4 12	7 49	8 45	4 31
2 1 D.	TRINITÉ.	grains	4 11	7 50	9 39	5 28
3 lundi	ste Clothilde	pluvieu	4 10	7 51	10 19	6 42
4 mard	ste Francisq	voilé	4 9	7 51	10 52	7 59
5 mer.	ste. Félicité.	nuageu.	4 9	7 52	11 21	9 13
6 jeudi	FÊTE-DIEU.	beau t.	4 8	7 53	11 45	10 25
7 vend.	s. Mériadec.	voilé	4 8	7 53		11 31
8 sam.	s. Médard.	grains	4 8	7 53	0 5	0 40
9 2 D.	ste. Pélagie	sombre	4 7	7 53	0 28	1 43
10 lundi	ste. Marguer.	voilé	4 7	7 54	0 49	2 46
11 mard	s. Barnabé	beau t.	4 7	7 54	1 13	3 50
12 mer.	s. Olympe.	nuageu	4 7	7 54	1 41	4 50
13 jeudi	s. Ant. de P	pluvieu	4 6	7 55	2 13	5 50
14 vend.	s. Bazile.	pluvieu	4 6	7 55	2 50	6 46
15 sam.	s. Modeste.	nuageu	4 6	7 55	3 35	7 37
16 3 D.	s. Similien.	nuageu	4 6	7 55	4 26	8 20
17 lundi	s. Cyr, ste. J.	voilé	4 5	7 56	5 21	8 55
18 mard	s. Hervé.	nuageu	4 5	7 56	6 23	9 29
19 mer.	s. Gerv. s. Pr	brumeu	4 5	7 56	7 22	9 55
20 jeudi	s. Méen.	pluie d.	4 5	7 56	8 38	10 31
21 vend.	s. Louis de G.	nuageu	4 5	7 56	9 45	10 45
22 sam.	s. Paulin V.J	nuageu.	4 5	7 56	10 55	11 8
23 4 D.	ste. Christine	grains	4 5	7 56	0 6	11 33
24 lundi	s. Jean Bapt.	grains	4 5	7 56	1 21	11 59
25 mard	s. Prosper.	nuageu.	4 5	7 55	2 37	
26 mer.	s. Jean s. P.	pluvieu.	4 6	7 55	3 56	0 32
27 jeudi	ste. Adélaïde	grains	4 6	7 54	5 11	1 11
28 vend.	s. Léon. V. J.	nuageu.	4 6	7 54	6 19	1 59
29 sam.	s. PIERRE s. P	nuageu.	4 6	7 53	7 18	2 59
30 5 D.	Com. s. Paul	nuageu.	4 7	7 53	8 7	4 8

JUILLET.

Les Jours décroissent en ce Mois de 27 m. le matin et 27 m. le soir.

D.Q. le 7 à 10 h. 40 m. du matin. V. E. beau temps, chaleur. Flor. du tilleul, de la vigne de treille. — N. L. le 15 à 2 h. 11 m. du soir. V. S. O., voilé, grains, chaleur, brume. — P. Q. le 22 à 9 h. 0 m. du soir. V. N. O. chaleur, grains, nuageux. — P. L. le 29 à 2 h. 21 m. du soir. V. N. E., nuageux, voilé, chaleur.

JOURS DU MOIS.	NOMS DES SAINTS.	PRÉDIC. DU MOIS	SOL LEV	SOL COU	LUNE LEVER	LUNE COUCH
1 lundi	s. Thiéry.	chaleur	4 7	7 52	8 soir 44	5 matin 24
2 mard	visit. N. D.	chaleur	4 8	7 52	9 15	6 42
3 mer.	ste. Brigite.	voilé	4 8	7 51	9 51	7 57
4 jeudi	ste. Berthe.	voilé	4 9	7 50	10 4	9 9
5 vend.	s. Pierre de L.	voilé	4 9	7 50	10 26	10 18
6 sam.	ste. Lucie	chaleur	4 10	7 49	10 49	11 25
7 6 D.	s. Félix	pluvieu.	4 10	7 49	11 12	0 soir 29
8 lundi	s. Martial.	sombre	4 11	7 48	11 38	1 33
9 mard	s. Ephrem.	beau t.	4 12	7 48		2 36
10 mer.	s. Paquier.	beau t.	4 12	7 47	0 matin 9	3 36
11 jeudi	s. Benoist.	beau t.	4 13	7 47	0 44	4 33
12 vend.	s. Jean Gual.	beau t.	4 14	7 46	1 24	5 26
13 sam.	s. Anaclet.	sombre	4 14	7 45	2 13	6 12
14 7 D.	s. Bonaven.	pluvieu.	4 15	7 44	3 7	6 52
15 lundi	s. Henri.	voilé	4 16	7 44	4 7	7 27
16 mard	N. D. M. C.	grains	4 16	7 43	5 14	7 57
17 mer.	s. Alexis.	nuageu.	4 17	7 42	6 23	8 23
18 jeudi	s. Thomas d'a	voilé	4 18	7 41	7 32	8 46
19 vend	s. Vinc. de P.	voilé	4 19	7 40	8 42	9 8
20 sam.	ste. Margue.	beau t.	4 20	7 39	9 53	9 33
21 8 D.	s. Daniel.	brume	4 21	7 38	11 7	10 0
22 lundi	ste. Magdel.	chaleur	4 22	7 37	0 soir 21	10 30
23 mard	st. Apollin.	chaleur	4 23	7 36	1 36	11 6
24 mer.	ste. Christine	pluvieu.	4 25	7 35	2 49	11 50
25 jeudi	s. Jacq. Chr.	grains	4 26	7 34	4 1	0
26 vend.	ste. Anne.	nuageu.	4 27	7 32	5 3	0 matin 43
27 sam.	s. Brevin.	grains	4 28	7 31	5 55	1 47
28 9 D.	s. Nazaire.	nuageu.	4 30	7 29	6 36	2 58
29 lundi	s. Guillaume	sombre	4 31	7 28	7 9	4 13
30 mard	s. Germain.	brume	4 32	7 26	7 37	5 28
31 mer.	s. Ignace L.	voilé	4 33	7 25	8 2	6 42

AOUT.

Les Jours décroissent en ce mois de 45 m. le matin et 45 m. le soir.

D.Q. le 6 à 3 h. 14 m. du matin. V.N.O., nuageux, voile, brouillard, beau temps. — N.L. le 14 à 2 h. 20 m. du matin. V.N.E, nuageux, beau temps, Flor. du catalpa. — P.Q. le 21 à 2 h. 6 m. du matin. V.N.E. nuageux, grains de pluie, beau temps. — P.L. le 28 à 0 h. 27 m. du matin. V.N.E., beau temps. Récolte du froment; époque de sève.

JOURS DU MOIS.	NOMS DES SAINTS.	PREDIC. DU MOIS	SOL LEV	SOL COUC	LUNE LEVER	LUNE COUCH
1 jeudi	s. Pierre ès li	nuageu	4 35	7 24	8 . 27	7 . 54
2 vend.	N. D. des An.	chaleur	4 36	7 23	8 . 54	9 . 5
3 sam.	s. Etienne.	voilé	4 37	7 22	9 . 34	10 . 12
4 10 D.	s. Dominiq	chaleur	4 38	7 21	9 . 49	[illegible] 17
5 lundi	N. D. des N.	chaleur	4 39	7 20	10 . 9	10 . 21
6 mard	Trans. N. S.	pluvieu	4 41	7 18	10 . 43	11 . 24
7 mer.	s. Sixte.	nuageu	4 42	7 17	11 . 22	[illegible] 23
8 jeudi	s. Justin.	voilé	4 43	7 16	[illegible]	[illegible] 16
9 vend.	s. Alexis.	voilé	4 45	7 14	[illegible] 7	4 . 5
10 sam.	s. Laurent.	sombre	4 46	7 13	[illegible] 58	4 . 49
11 11 D.	ste. Suzanne	nuageu	4 48	7 11	[illegible] 56	5 . 27
12 lundi	ste. Claire	nuageu	4 49	7 10	3 . 4	5 . 58
13 mard	ste. Radé	beau t.	4 51	7 8	[illegible] 10	6 . 26
14 mer.	s. Eusèbe.	nuageu	4 53	7 6	5 . 21	6 . 53
15 jeudi	Assomption.	nuageu	4 54	7 5	6 . 33	7 . 18
16 vend.	s. Roch.	nuageu	4 55	7 4	7 . 45	7 . 43
17 sam.	s. Mammès	beau t.	4 56	7 3	8 . 58	8 . 8
18 12 D.	s. Laure.	beau t.	4 57	7 2	10 . 14	8 . 37
19 lundi	s. Jules.	beau t.	4 59	7 0	11 . 39	9 . 11
20 mard	ss. Philb. Ber.	sombre	5 1	6 58	0 . 45	9 . 52
21 mer.	s. Aristide.	nuageu	5 2	6 57	1 . 55	10 . 41
22 jeudi	s. Sympho.	nuageu	5 3	6 56	2 . 58	11 . 39
23 vend.	s. Philip. beni	beau t.	5 5	6 54	3 . 52	[illegible]
24 sam.	s. Barthélémi	sombre	5 7	6 52	4 . 36	0 . 47
25 13 D.	s. Louis, roi	sombre	5 8	6 51	5 . 12	[illegible] 0
26 lundi	s. Césaire.	chaleur	5 10	6 50	5 . 44	3 . 14
27 mard	s. Sulpice S.	chaleur	5 11	6 48	6 . 11	4 . 30
28 mer.	s. Augustin,	voilé	5 13	6 46	6 . 36	5 . 41
29 jeudi	Décol. de s. J	beau t.	5 15	6 44	6 . 59	6 . 51
30 vend.	s. Fiacre.	chaleur	5 17	6 42	7 . 24	8 . 0
31 sam.	s. Victor.	chaleur	5 18	6 41	7 . 49	9 . 17

SEPTEMBRE.

Les Jours décroissent en ce Mois de 50 m: le matin et 50 m: le soir.

D.Q. le 4 à 9 h. 33 m. du soir. V. S.O., orage, pluie, humide. — N.L. le 12 à 1 h. 13 m. du soir. V. N.E., brouillard, beau temps. — P.Q. le 19 à 8 h. 1 m. du matin. V. E., brouillard, beau temps. — P.L. le 26 à 1 h. 16 m. du matin. V. E., voilé, beau temps.

JOURS DU MOIS.	NOMS DES SAINTS	PRÉDIC. DU MOIS	SOL. LEV	SOL COU	LUNE LEVER	LUNE COUCHER
1 14 D	s. Gilles	chaleur	5 20	6 39	8 16	4
2 lundi	s. Léonides	chaleur	5 21	6 38	8 47	11 6
3 mard	s. Grégoire	voilé	5 23	6 37	9 24	6
4 mer	ste Rosalie	voilé	5 25	6 35	10 6	
5 jeudi	s. Laurent	voilé	5 20	6 34	10 57	2 4
6 vend	s. Humbert	pluie d'o	5 28	6 32	11 53	2 49
7 sam	ste Reine	sombre	5 30	6 30		3 29
8 15 D	NATI d.l.V	sombre	5 31	6 28	0 54	4 3
9 lundi	s. Omer	pluv	5 33	6 26	1 59	4 35
10 mard	s. Nico. de Tol	pluv	5 34	6 25	3 9	5
11 mer	ste Théodo	chaleur	5 36	6 23	4 11	5 28
12 jeudi	s. Raphaël	chaleur	5 38	6 21	5 34	5
13 vend	s. Frédéric	chaleur	5 40	6 19	6 50	6 19
14 sam	Exal. S.C.	brouill	5 42	6 17	8 7	6 48
15 16 D	s. Lubin	sombre	5 43	6 16	9 24	7
16 lundi	s. Cyprien	brouil	5 44	6 15	10 40	7 59
17 mard	ste Sophie	beau	5 46	6 13	53	8 48
18 mer	ste Stéph Q.T	chaleur	5 47	6 12	1 10	9 48
19 jeudi	s. Janvier	chaleur	5 49	6 10	56	10 49
20 vend	s. Eust. Q.T	chaleur	5 51	6 8	44	11 59
21 sam	s. Math Q.T	brouil	5 53	6 6	3 23	
22 17 D	s. Maurice	sombre	5 55	6 4	3 55	12
23 lundi	ste Constance	beau t.	5 57	6 2	4 23	25
24 mard	s. Souleine	beau t.	5 59	6 0	4 48	3 34
25 mer	s. Sabas	beau t.	6 0	5 59	5 11	4 45
26 jeudi	s. Firmin	beau t.	6 2	5 57	5 35	5 54
27 vend	s. Gildas	voilé	6 4	5 55	6 7	7
28 sam	s. Vinceslas	voilé	6 6	5 53	6 34	8
29 18 D	s. Michel	voilé	6 8	5 51	6 58	9
30 lundi	s. Jérôme	beau t.	6 9	5 50	7 33	

OCTOBRE.

Les Jours décroissent en ce Mois de 50 m. le matin et 50 m. le soir.

D. Q. le 4 à 4 heures 33 m. du soir. V. E., nuageux, brouillard léger, beau temps. Apparition des champignons; toiles flottantes d'araignées. — N. L. le 11 à 11 h. 30 m. du soir. V. E. beau temps, *Été de la Saint Michel.* — P. Q. le 18 à 8 h. 24 m. du soir. V. N. O.; nuageux, beau temps, vendanges. — P. L. le 26 à 5 h. 14 m. du matin V. O., pluie, petites gelées gomme, humidité.

Jours du mois	Noms des saints	Prédic. du mois	Sol. lev.	Sol. cou.	Lune lever	Lune couch.
1 mard.	s. Remi.	beau t.	6 11	5 49	8 soir 13	11 soir 11
2 mer.	ss. Anges g.	nuageu.	6 13	5 47	8 59	0 soir 4
3 jeudi	s. Leger.	grains	6 15	5 45	9 52	0 51
4 vend.	s. Fran. d'A.	brouil.	6 17	5 43	10 49	1 33
5 sam.	ste. Flavie.	voilé	6 19	5 41	11 51	2 10
6 19 D.	s. Bruno.	voilé	6 20	5 39		2 40
7 lundi	ste. Julie.	nuageu	6 22	5 37	0 matin 58	3 8
8 mard	ste. Pelagie.	nuageu	6 24	5 35	2 0	3 35
9 mer.	s. Denis.	beau t.	6 26	5 33	3	4 1
10 jeudi	s. Clair, év.	beau t.	6 27	5 32	4 34	4 27
11 vend.	s. Anastase.	beau t.	6 29	5 30	5 51	4 55
12 sam.	s. Eustache.	beau t.	6 30	5 29	7 10	5 27
13 20 D.	s. Edouard.	voilé	6 31	5 28	8 28	6 5
14 lundi	s. Calixte.	nuageu	6 33	5 26	9 46	6 52
15 mard	ste. Thérèse.	gelée	6 34	5 25	10 51	7 46
16 mer.	s. Vital.	beau	6 36	5 23	51	8 51
17 jeudi	ste. Marthe.	beau	6 38	5 21	5	10 0
18 vend.	s. Luc.	ombre	6 39	5 20	11 32	11 14
19 sam.	s. Pierre d'A.	nuageu	6 41	5 18	14	
20 21 D.	ste. Cléopas.	beau t.	6 43	5 16	1 33	0 matin 22
21 lundi	ste. Ursule.	beau t.	6 44	5 15	1 59	1 34
22 mard	s. Benoît.	beau t.	6 46	5 13	3 22	2
23 mer.	s. Ignace.	beau t.	6 48	5 11	3 46	3 50
24 jeudi	s. Martin.	sombre	6 50	5 9	4 10	4 56
25 vend.	s. Crép. Cré.	humide	6 51	5 8	4 36	6 2
26 sam.	s. Evariste.	sombre	6 53	5 6	5 4	7 6
27 22 D.	s. Abrah.	Vingt. du pier.	6 55	5 5	5 36	8 9
28 lundi	s. Sim. s. J.	sombre	6 56	5 3	6 5	9 7
29 mard	s. Narcisse.	humide	6 58	5 2		10 2
30 mer.	s. Saturnin.	sombre	6 59	5 0	50	11 52
31 jeudi	s. Urb. V. J.	beau t.	7 0	4 59	8 46	4 34

NOVEMBRE

Les jours décroissent en ce Mois de 39 m. le matin et 39 m. le soir.

D. Q. le 3 à 10 h. 28 m. du matin. V. N. E., pluie, gelées, air vif, soleil. — N. L. le 10 à 9 h. 46 m. du matin. Sombre, gelées, nébuleux, soleil. — P. Q. le 17 à 1 h. 39 m. du matin. Nébuleux, brouillard, soleil, gelée blanche. — P. L. le 24 à 11 h. 48 m. du matin. Gelée, pluie, brume, sombre, nuées, [illegible], soleil.

JOURS DU MOIS	NOMS DES SAINTS	PRÉDIC. DU MOIS	SOL. LÉV.	SOL. COU.	LUNE LEVER.	LUNE COUCH.
1 vend.	LA TOUSSAINT	beau t.	7 1	4 58	9 46	0 M
2 sam.	*Trépassés.*	beau t.	7 2	4 57	10 49	6 44
3 23 D.	s. Hubert.	beau t.	7 4	4 55	11 53	12
4 lundi	s. Charles B.	nuageu.	7 5	4 54	[illegible]	38
5 mard.	ste. Modeste.	beau t.	7 7	4 52	[illegible]	13
6 mer.	s. Léonard.	gelée b.	7 9	4 50	[illegible] 10	29
7 jeudi	s. Ernest.	beau t.	7 10	4 49	3 22	54
8 vend.	s. Clair.	gelée.	7 11	4 48	4 39	3 22
9 sam.	s. Mathurin.	gelée bl.	7 12	4 47	6 0	3 58
10 24 D.	s. Léon le gr.	sombre	7 14	4 45	7 21	4 41
11 lundi	s. Mart. de T.	sombre	7 15	4 44	8 37	34
12 mard.	s. René.	gelée.	7 16	4 43	9 45	35
13 mer.	s. Brice.	gelée	7 18	4 41	10 43	45
14 jeudi	s. Léonard.	nébuleu.	7 20	4 39	11 28	59
15 vend.	s. Léopold.	nébuleu.	7 21	4 38	[illegible] 2	12
16 sam.	s. Edmond.	soleil	7 22	4 37	0 36	3 24
17 25 D.	s. Grég. de T.	soleil	7 24	4 35	13	[illegible]
18 lundi	s. Aignan.	nébuleu	7 25	4 34	27	34
19 mard.	ste. Elisab.	brouil.	7 26	4 33	56	42
20 mer.	s. Hyppolite.	nébuleu	7 28	4 31	2 13	49
21 jeudi	Présen. N. D.	nébuleu	7 29	4 30	2 39	53
22 vend.	ste. Cécile.	nébuleu	7 30	4 29	3 5	57
23 sam.	s. Clément	brouil.	7 32	4 27	3 36	5 58
24 26 D.	s. Chrysog.	soleil	7 33	4 26	4 43	8 58
25 lundi	ste. Cather.	gelée bl	7 34	4 25	4 54	7 55
26 mard.	ste. Delphine	gelée bl	7 35	4 24	5 40	8 16
27 mer.	s. Herblain.	bourasq.	7 36	4 23	6 35	9 30
28 jeudi	s. Etienne.	bourasq.	7 37	4 22	7 34	10 8
29 vend.	s. Saturnin.	soleil	7 38	4 21	8 34	40
30 sam.	s. André.	pluie fin	7 39	4 20	9 38	11 9

30 familles à saigner.

31 mars s. Sylvestre. soleil.

DÉCEMBRE.

Les Jours décr. de 18 m. avant le 21 et aug. de 8 après le 21.

D. Q. le 2 à 2 h. 41 m. du matin. Nuageux, pluie, sombre.
N. L. le 9 à 8 h. 13 m. du soir. Giboulées, sombre, bourrasques. — P. Q. le 16 à 8 h. 19 m. du soir. — Pluvieux, giboulées, ciel découvert. — P. L. le 24 à 7 h. 22 m. du soir. Sombre, pluvieux, soleil.

JOURS DU MOIS	NOMS DES SAINTS.	PRÉDIC. DU MOIS.	SOL. LEV.	SOL. COU.	LUNE LEVER.	LUNE COUCH.
1 D.	AVENT s. Elpi	pluie fin	7 40	4 20	10 44	11 35
2 lundi	ste Aurélie	sombre	7 41	4 19	11 49	11 29
3 mard	s. Franç Xav	nuageu	7 41	4 19	[illegible]	0 22
4 mer.	ste Barbe	pluv.	7 42	4 18	0 57	0 46
5 jeudi	s. Franque	soleil fai	7 42	4 18	2 10	1 12
6 vend	s. Nicolas	bourasq	7 43	4 17	3 25	2 44
7 sam.	s. Ambroise	sombre	7 43	4 17	4 41	3 0
8 2 D.	CONCEP. N. D.	pluie fin	7 44	4 16	5 59	3 7
9 lundi	ste Léocadie	pluv.	7 44	4 16	7 1	4 3
10 mard	ste Julie	soleil	7 45	4 15	8 15	5 8
11 mer.	s. Damase	soleil	7 45	4 15	9 9	6 21
12 jeudi	s. Corentin	sombre	7 46	4 14	9 53	7 38
13 vend	ste Luce	soleil	7 46	4 14	10 27	8 55
14 sam.	ste Arsène	sombre	7 46	4 14	10 56	10 9
15 3 D.	s. Faustin	sombre	7 46	4 13	11 21	11 19
16 lundi	ste Adélaïde	bourasq	7 47	4 13	11 44	0 [illegible]
17 mard	s. Clémentin	sombre	7 47	4 13	soir 7	0 45
18 mer.	s. Désir Q 7	sombre	7 48	4 12	0 28	1 [illegible]
19 jeudi	ste Fauste	sombre	7 48	4 12	0 56	2 [illegible]
20 vend	s. Zéph. Q 7	sombre	7 48	4 12	1 26	3 [illegible]
21 sam.	s. Thom Q 7	soleil	7 48	4 12	2 0	4 [illegible]
22 4 D.	s. Florentin	pluv.	7 48	4 12	2 40	5 [illegible]
23 lundi	ste Victoire	sombre	7 48	4 12	3 2	6 [illegible]
24 mard	ste Emin	pluv.	7 48	4 12	4 10	7 [illegible]
25 mer.	NOEL	pluv.	7 48	4 12	5 13	7 [illegible]
26 jeudi	s. Etienne	sombre	7 47	4 13	6 15	8 [illegible]
27 vend	s. Jean, évan	sombre	7 47	4 13	7 18	9 [illegible]
28 sam.	ss. Innocens	pluv.	7 47	4 13	8 22	9 [illegible]
29 Dim.	ste Eléonore	soleil	7 46	4 14	9 27	9 [illegible]
30 lundi	s. Savinien	soleil	7 46	4 14	10 34	10 15
31 mard	s. Sylvestre	soleil	7 46	4 15	11 42	10 38

Foires de la Loire-Inférieure.

Arrondissement d'Ancenis.

Ancenis, le 1er jeudi de chaque mois, Mi-Carême, 11 juin, 2 juillet, 30 novembre.
Saint-Herblon, 18 avril, 21 juillet
Mésanger, 22 juillet.
Oudon, 18 mai, 11 novembre.
Ligné, 19 mai, 15 juillet, 1er oct.
Couffé, 1er lundi après le 29 juin.
Saint-Mars-la-Jaille, 25 avril, 8 juin, 2 août, 13 décemb.
Le Pin, 17 septemb.
Saint-Sulpice-des-Landes, 30 mars, 29 novembre.
Vritz, 1 mai.
Bonnœuvre, 2 juin
Mouzeil, 12 avril
Joué, 25 mai, 6 juin, 26 juil, 2 oct
Pannecé, 3 février, 1 août.
Riaillé, 1er mardi de chaque mois, 3 avril, 25 août et 29 septemb
Teillé, 19 juin.
Trans, 18 novembre.
Belligné, 22 mai, 9 août.
Varades, 28 février, 17 avril, 15 mai, 17 juin, 8 sept., 3 nov.

Arrondissem. de Châteaubriant.

Châteaubriant, 4 sept., 1er mercredi après la Trinité et 1er mercredi après la Toussaint.
Les Touches, 1er mai.
Derval, le vendredi après la Mi-Carême, 10 octobre.
S.-Aubin-des-Châteaux, le mardi qui suit le 14 septembre.
Sion, le mardi des Rogations, 29 sept., 1er mardi de juillet
S.-Vincent-des-Landes, 22 juillet.
Auverné (Petit), 11 juin.
Chapelle-Glain, 25 juin, 29 sept
S.-Julien-de-Vouvantes, 26 mars et 28 août.
Issé, 5 février.
Meilleraie (la), 11 octobre.
Moisdon, 1 juin.
..., 15 juillet.
..., 11 août, 25 sept.
... août ...
..., 11 novemb., 1er

vendredi de janvier, février, mars, sept., octob. et décemb.
S.-Mars-du-Désert, 10 avril.
Abbaretz, 20 juillet.
Nozay, les lundis après la Chandeleur, les Rameaux, la s. Michel, et la Toussaint; la veille de la Pentecôte, le 1er août, le mardi après le 8 sept., le 26 nov.
Rougé, 29 juin.
Soulvache, 1er mardi d'avr. et juin.
Erbray, le lundi qui précède le 15 août.

Arrondissement de Nantes.

Nantes, 3 février, 15 mars, 25 avril, 25 mai, 16 juil., 2 sept. 1er, 2e, 3e et 4e sam. après la S.-Gilles, 11 oct., 1er déc., et le lendemain des courses, pour les chevaux seulement.
S.-Sébastien, 21 mai.
Saint-Herblain, 18 avril.
Chantenay, 6 septembre.
Aigrefeuille, le deuxième jeudi de février, mars, avril et mai.
Le Bignon, 1er mardi d'avril, 15 mai; — à Villeneuve, 6 mai, 25 juin.
Montbert-Genston, 3e mercredi d'avril, de mai et de juin, 23 juillet, 3e mercredis d'août, de sept., d'oct. et 15 nov.; — à Branche-Corbe, 10 août.
Vieillevigne, 20 janvier, 3e lundi de fév., mars, avril et septem., 9 mai, 3 novemb.
Saint-Aignan, 15 juin, 9 avril.
Touaye, 15 avril, 3 septembre
Bouguenais, 30 juin, le lundi qui précède l'Ascension.
Brains, 10 mai, 11 août.
Saint-Léger, 14 avril.
Rezé, 30 avril, 25 juillet, 30 mars.
Carquefou, 13 avril, 22 juillet, 2 novembre.
Doulon, 25 mars, 24 décembre.
Sainte-Luce, 1er mars.
Mauves, 22 août et 16 octobre.
Chapelle-sur-Erdre, 11 avril.

Grand-Champ, 27 avril.
Orvault, le lend. de la Pentecôte,
Sautron, 2 mai.
Treillières, 3 mai.
Clisson, le vendredi après la Saint-Antoine, le lendemain de la Mi-Carême, le lendemain de l'Ascension, le vendredi après la Fête-Dieu, le vendredi après la Magdelaine, le vendredi après la S.-Luc, le vendredi après la S.-André, le mercred. 1er sept.
Saint-Jean-de-Corcoué, 30 août.
Legé, 24 avril, 24 juin, 24 août.
Touvois, 29 janvier, 10 mai, le lendemain de la Trinité, 30 septemb. au Val-de-la-Morière.
Chapelle-Basse-Mer, à Barbechat, mercredi après Pâques; à Saint-Simon, 16 août, 28 oct.
S.-Julien-de-Concelles, 24 août.
Loroux, 5 février, 25 novembre, le 2e mardi de chaque mois.
La Boissière, 3e lundi d'avril.
Machecoul, 26 avril, 25 juin, 15 septemb., 19 octob., 7 déc., 1er mercredi de mars.
Saint-Même, 30 mars.
La Limousinière, 1 mai.
Saint-Philbert, 10 mars, 10 avril, 14 mai, 3 novembre.
Saint-Colombin, premier mardi de février.
Chapelle-Heulin, 30 avril, le premier jeudi de chaque mois.
Le Pallet, 29 septembre.
Vallet, le premier lundi de chaque mois, le lundi après la foire de Saint-Vincent-de-Montrevault, le lundi après la foire de Saint-Nicolas-le-Montrevault, le lundi après la foire de la Mi-Carême de Montrevault; à la Regrippière, 15 août, 18 octobre.
Saint-Fiacre, 30 août, 2 nov.
Haie-Fouassière, 16 août.
Basse-Goulaine, 6 août.
Haute-Goulaine, 11 novembre.
Vertou, 4 février, 1er avril.

Arrondissement de Paimbœuf.

Bourgneuf, 6 mars, 15 août, 10 oct.

Chéméré, 30 juin
Fresnay, 13 avril, 14 mai, 25 août, 29 octobre.
S.-Hilaire-de-Chaléons, 30 mai.
S.-Jean-de-Boiseau, le mercredi d'après Pâques, 15 novembre.
Sainte-Pazanne, 15 avril, 21 mai, 24 juillet.
Pellerin, 5 avril, 15 août, 5 nov.
Port-Saint-Père, le mardi après la Pentecôte, le lundi après la Saint-Michel.
Rouans, 25 novemb., 15 septemb.
Vue, 5 avril, 27 juillet et 31 août.
Arthon, 25 janvier, 25 février, premier mardi après le 25 mars, 2 mai, 11 juin et 29 septembre.
Saint-Michel, 30 septembre.
La Plaine, 15 mars.
Pornic, 15 juin, 2 septembre, 15 octobre et 1 décembre.
Le Clion, 1er mars, 28 octob.
Chauvé, 1 janv., 8 fév. et 11 nov.
Frossay, 1 mars, 8 avril, 8 mai, 2 août, 9 sept., 30 oct.
S.-Père-en-Retz, 15 janv., 15 fév., 19 mars, 29 avril, le jeudi avant l'Ascension, le mercr. après la Pentecôte, 20 juin, 30 juillet, 20 août, 18 septemb., 9 oct., 15 nov., 10 déc.
Saint-Viaud, 17 octobre.

Arrondissement de Savenay.

Savenay, le mercredi après le 20 janvier, la veille du Jeudi gras, la veille de la Mi-Carême, le mercredi après Pâques, le mercredi après la Pentecôte, 4 juillet, 15 août, 14 septembre, 22 déc.; tous les mercr. depuis... jusqu'à celui de juillet.
Bouée, 15 mai.
Cambon, 7 mai, 25 septemb.
Chapelle-Launay, 4 mai; à Blanche-Couronne, 9 octobre.
Lavau, le lundi qui suit le 25 août.
Malville, 26 mai.
Prinquiau, 28 septembre.
Blain, le jeudi après Pâques, ... août, 4 octob., ... novembre.
Bourron, 10 mai...

ay, 17 mars, 22 juillet, 28 août,
19 novembre.
Le Gâvre, 16 octobre.
Le Croisic, 22 septembre; elle
dure 8 jours.
Couëron, 7 et 23 août, 28 octobre.
au Port-Launay, 28 mars.
Cordemais, 20 avril, 12 août.
Saint-Etienne-de-Mont-Luc, 5e
avril, 14 août, 19 nov., 27 déc.
Le Temple, le lundi après la
Mi-Carême, 7 novembre.
Vigneux, le lendemain de la Tri-
nité; à la Paquelais, 18 novemb.
Saint-Gildas, 26 avril, 12 mai,
4 septemb., 29 octobre.
Guenrouet, 19 mai; de mercredi
d'après la Pentecôte, 55 juin.
Missillac, 22 juin, 1 août.
Severac, 15 mai.
Conquereuil, 25 mai, 25 août.
Marsac, 21 mai.
Massérac, 5 mai, 1 octobre.
Guérande, 2 janvier, 5 février,

1 mars, 11 et 25 avril, 18 mai,
20 juillet, 16 août, 3 septemb.,
19 et 29 oct., 30 nov., 11 déc.
Saint-André-des-Eaux, 23 avril.
Escoublac, 14 mai, 22 août.
Mesquer, 26 août.
Piriac, 11 novembre.
Assérac, 24 juin, 9 et 30 septemb.
Les Marais, 16 mai, 8 juin.
Herbignac, lundi d'après la Mi-
Carême, 6 mai, 5 juin; près
S.t Liphard, 17 juin, 8 juillet,
26 novembre.
Moutoir, 3 août, 15 octobre.
Saint-Nazaire, 30 avril, 15 sept.
Donges, le lundi qui suit l'Ascens.
Plessé, 2 mai, 11 juin, 22 sept.,
11 octobre.
Avessac, 14 octobre.
Pontchâteau, 2e lundi d'avril, 11
juin, 22 juillet, 1er sep. le 1er
lundi après le 2 novembre.
Besné, 29 avril.
Sainte-Reine, 8 mai.

FOIRE NANTAISE.

Le jour de la Foire Nantaise, 25 mai, à Nantes, sur le Champ de Foire la Société Académique du département distribuera des primes d'encouragement aux propriétaires des plus beaux chevaux entiers, des plus belles juments, des plus beaux taureaux et des plus belles génisses de race du pays.

Foires du département du Morbihan.

Allaire, 4, 17 mai, 8 nov.
Auray, 2, 30 jan., 13 mars, 5, 24 av., 1 mai, 4, 26 j., 22
juil., 14, 29 août, 12, 24 sept., 16 oct., 20 nov., 1 déc.
Baud, 28 janv., 11 mars, 8, 22 avril, 19 mai, 3 juin, 1
juil., 28 août, 2 sept., 29 oct., 18 nov., 23 déc.
Belle-Isle-en-Mer, 1 mai, 21 sept.
Carentoir, 21 mars, 1 mai, 22 août, 16 oct.
Elven, 7 fév., 8 mai, 7 juil., 5 sept., 18 oct., 9 déc.
Faouët, 25 janv., 8 mars, 12 avril, 10 mai, 20 juin, 6
juil., 22 août, 22 sept., 18 oct., 8 nov., mercredi après
le 31 déc.
Gourin, 2e lundi de chaque mois.

Coësmes, 2e jeudi de juil., d'oct.

Combourg, 30 mars, 15 avril, 15 mai, 2 juin, 26 juin, 2 juil., 5 août; 1er lundi de sept., et si c'est le 1er ou le 2 du mois, elle est remise au lend.; le 12 oct., le 15 nov.

Complessac, 8 juin.

Corps-Nuds, le mar. avant Pâque, Noël, mardi après la St-Pierre, le 2e mardi d'oct.

Dol, 23 mars, 6 avril, 18 mai, 29 juin, 27 juillet, 10 août, 20 oct., le 22 déc.

Epiniac, le 25 mai.

Fougères, sam. le plus près de la Chandel., sam. après la mi-car., les Rogat., la St-Jean, la St-Franç., St-Léonard, sam. avant les Ram., 3 août, 9 sept.

Fougeray, le j. de la mi-car., le j. après la Quasim., l'Ascen. les 29 août, 18 oct., 21 déc.

Gaël, 22 août, 18 oct.

Gévezé, le 2 mai, le 11 juin.

Goven, 11 nov.

Guichen, 21 juin, 24 août, 3 nov.

Guignen, 1er merc. de janv., ap. la St-Michel, le merer. de la Passion, le 16 juillet.

Guipry, 3 mais, le merc. ap. la Quasim., le mercredi avant la Pent., le mardi après le 8 sept.

Hédé, les mardis ap. la St-Jean, la St-Laurent, la Ste-Croix, la Toussaint, la St-André.

Hermitage (l') le mardi suivant le dim. de la Fête-Dieu.

Iffendic, 2e lundi ap. la St-Pierre.

Janzé, le 2e merc. d'avril, mai, juin, juill., oct. et le 11 nov.

La Guerche, 1er mardi d'avril, juillet, le mardi après Langerine, la St-Martin.

La Gouesnière le 26 avril.

Laille, le lundi de la Quasimodo, le 29 sept.

Lalleu-Saint-Jouin, les 1ers jeudi de mai et d'oct.

Langon, le 15 mai.

Le Pertre, les 2es vend. de mai, de juin et d'oct.

Les Iffs, le mardi-gras.

Le Sel, le 1er mardi d'oct. et le 1er mardi après la Magdeleine.

Liffré, 2 mai, 1er juin, le 9 oct.

Loheac, le sam. de Pâques, le 5 avril, le jeudi ap. la Pentecôte, le mardi ap. la St-Martin, le 5 août, le 27 déc.

Louvigné-du-Désert, le 25 juin, le 29 sept.

Marcillé-Robert, les 1er et 3me sam. du mois de mai.

Martigné, 1er et 2e vend. de mai, 1ers vend. d'oct. et de nov.

Maure, les 3 avril, 3 et 29 mai, 10 juin, 11 sept., 5 oct.

Médréac, 16 octobre.

Melesse, le mardi suiv. le dim. de la Pentecôte, le 25 août.

Messac, le 1er mardi après la St-Philippe, le 31 juillet.

Mont-Dol, le lundi après l'assemblée de la St-Michel.

Montfort, le 3 fév., le 25 avril, le 25 juin, le ma. qui après le 18 oct., le 6 déc., le 3e vend. de janv., mars, mai, juillet, août, sept. et nov.

Montauban, le merc. après le 10 août, le 29 sept., le 11 nov., le 15 déc.

Mordelles, le 2 août, 5 nov.

Noyal-sur-Vilaine, 3 fév.

Pacé, le vendredi après l'Ascension, le 30 juin.

Paramé, le dernier jeudi d'avril, le 16 nov.

Piré, le vendredi saint.

Pipriac, les 2 mai et 17 oct.

Pléchâtel, les 9 mai et 30 juin.

Plélan, 15 fév., 1er sam. d'avril, 19 mai, 4 août, 3 nov.

Pleurtuit, le lundi après le 29 juin, le 1er lundi d'oct.

Pleine-Fougères, le 15 mai, le 25 juin.

Redon, le 2e lun. de chaque mois.

Rennac, 2 avril, 28 août, 30 nov.

Rennes, le 1er jeudi de ch. mois.

Romillé, les 1ers jeudis des mois

de fév., juill., oct., déc.
Roz-Landrieux, le 16 août.
Roz-sur-Couesnon, le lend. de la Fête-Dieu, le 1er lundi d'oct.
Sixt, le 5 mai, 14 août, 9 oct.
St-Méen, mardi ap. St-Jean, 9 oc.
St-Pern, merc. après Pâques.
St-Malon, 6 mai, 29 août, 26 déc.
St-Thurial, 2 mai.
St-Ganthon, 30 avril.
St-Just, 10 mai, 25 août.
St-Malo-de-Phily, 8 sept.
St-Aubin-du-Cormier, le 2e jeudi de mars, avr., mai, juil., août; déc., le 3e j. de juin, oct.
Saint-Georges-de-Reintembault, 7 janv., 24 avr., 24 août, 3 nov.
St-Brice-en-Coglès, 14 nov.
St-Germain-des-Prés, 22 sept.
Servon, lundi d'après la St-Denis.
Sens, le dernier j. de ch. mois.
St-Servan, 14 mai et 14 août.
St-Armel, le 16 août.

St-Aubin-d'Aubigné, 20 mars, 18 juin, 22 sept. et 20 déc.
St-Germain sur-Ille, le 12 janv., le merc. d'ap. Pâques, le 7 mai, 2 août, 2 sept., le 10 oct.
St-Gilles, 30 juin, 2 sept., 3 nov.
t-Briac, le 28 oct.
St Brolade, le 26 avril, le lendemain de la Ste-Anne.
St Pierre-de-Plesguen, le 2 avril et le 1er juillet.
St-Benoît-des-Ondes, 11 juil.
St-Méloir-des-Ondes, 22 juillet.
Talensac, le 10 août.
Treffendel, 1er avril, 30 août.
Tinténiac, les 3es mercredis d'av., mai, juin, juillet, août, le 3 sept., le 2 oct., le 3e merc. de nov., le 3 déc.
Vitré, le lundi qui suit la Saint-Georges, tous les lundis suiv., jusqu'au 2e lundi de sep., le vend. qui précède Pâques.

Foires du département des Côtes-du-Nord.

Bégard, 3 mars, 3 mai, 4 juin, 2 sept., 6 oct., 1 déc.
Belle-Isle-en-Terre, 6 juil., deuxième jeudi de fév., avril, juin, août, oct. et déc.
Bourbriac, 17 janv., 5 juin, 18 juil., 22 sept.
Broons, 7 juin, 10 août, 4 oct., 7 nov.
Callac, 18 janv., 15 fév., 10, 24 mai, 7 juin, 5, 26 juil., 30 août, 27 sept., 18 oct., 8, 15, 22 nov., 20, 27 déc.
Châteaulaudren, 6 fév., 5 juin, 31 juil., 16 oct., 8 juin.
Chèze (la), 24 avril, 20 juil., 1, 26 oct., 30 nov.
Collinée, 2 mai, 30 juil.
Corlay, 19 janv., 2 fév., 6, 27 avril, 26 mai, 8 juin, 6, 22 juil., 21 sept., 5, 19 oct., 7 déc.
Dinan, 9 mars. 8 j., 23 mars, 6 avril, 18 mai, 20 juil., 7 sept., 14 déc.
Evran, 22 juil.
Goarec, 15 mai, 10 juin, 23 sept., deuxième samedi de chaque mois.
Guingamp, 7 janv., et les samedis suivants jusqu'au dimanche gras, 25 mars, 8 avril, 6 mai, 23 juin, 1, 22 juil., 19 août, 9 sept., 14 oct., 25 nov., 24 déc.

Jugon, 10 janv., 28 fév., 25 avril, 16 mai, 25 juil., 26
sept., 17 oct., 26 déc.
Kermaria, 6 juin, 30 oct.
Lamballe, 1, 25 juin, 24 août, 9, 23 oct., 21 déc.
Langoat, 22 mai, 3 j.
Lannion, 23 fév., 23 mars, 6, 15, 26 mai, 22 juin, 10
août, 28 sept., 3 j.; 31 oct., 21 déc.
Lanrivain, 12 juin, 3 juil., 4 sept., 9 oct., 2 j.
Lanvollon, 27 janv., 24 fév., 24 mars. 14 avril, 23 juin,
27 oct., 22 déc.
Lézardrieux, 16 mars, 22 juin, 28 sept., 9 nov.
Loudéac, premier samedi du mois.
Matignon, 10 mai, 4 août, 4 oct.
Merdrignac, 4 mars, 10 mai, 26 juin, 26 juil., 2 nov.,
20 déc.
Montbran, 14 sept.
Moncontour, 1 mai, 12 juin, 17 juil., 18 sept., 9 oct., 6
nov., 4 déc.
Mur, 25 mars, 21 avril, 23 juin, 6 juil., 20 oct.
Paimpol, 4 mars, 2 j., 10 juin.
Perros-G., 11 janv., 11 juil.
Plancouet, 4 mai, 4 août, 25 nov.
Pfeinet, 2 janv., 6 mars, 1 mai, 3 juil., 30 août, 2 j.,
27 nov.
Plestin, 1 fév., 17 mai, 8 nov., 28 déc.
Plœuc, 5 janv., 27 avril, 1, 22 juin, 17 août, 2, 23 nov.
Ploubalay, 26 janv., 21 sept.
Pontrieux, 3 avril, 5 juin, 15 juil., 11 sept., 9 oct., 27 nov.
Quintin, 21 mars, 13 juil., 1, 29 août, 22 sept., 11 nov.
Roche-Derrien, 31 mars, 26 mai, 24 août.
Rostrenen, 3, 17 janv., 7, 21 fév., 14, 28 mars, 4, 11,
18 avril, 16, 23 mai, 6, 13, 27 juin, 4, 18, 25 juil., 22,
29 août, 19 sept., 5, 17, 31 oct., 7 nov., 5, 19 déc.
St-Alban, 4 sept., 2 j.
St-Brieuc, 1, 22 mars, 3 mai, 7, 30 sept., et *le lendemain
des courses.*
St-Jouan, 26 juin, 28 déc.
St-Michel-en-Gr., 14 sept., 17 nov., 2 j.
St-Nicolas-du-P., 8 mai, 18 sept.
Tréguier, 11, 18 janv., 1 fév., 22 mars, 12 avril, 17 juin,
15 juil., 25 oct., 8 nov., 20 déc.
Uzel, 3º mercredi de chaque mois.

Bannalec, 17 janv., 6 avril, 2 mai, 11 juin, 26 juil., 9 sept., 2 nov.

Brest, 1er lundi du mois.

Briec, 1er lundi de mars, avril, juin, sept., oct., nov.

Carhaix, 13 mars, 8 juin, 20 avril, 24 mai, 30 juin, 8 j., 9, 28 août, 20 sept., 2 nov., 8 juil., 29 nov.

Châteaulin, 12 mars, 6 mai, 18 oct., 2 j., 23 nov., 1er jeudi des huit autres mois.

Châteauneuf, 20 janv., 5 mars, 23 avril, 15 mai, 11 juin, 20 août, 15 oct., 11 nov.

Concarneau, 11 fév., 11 mai, 11 août, 11 nov.

Crozon, 7 janv., 5 fév., 26 mars, 28 mai, 30 juin, 22 juil., 11 août, 28 sept., 9 déc.

Daoulas, 1er mercredi de janv., mars, mai, juil., sept., novembre.

Douarnenez, 1er vendredi de janv., mars, mai, juil., sept., nov.

Faou (le), 17 janv., 5 mai, 14 sept., 10 oct.

Forêt (la), 18 avril.

Fouesnant, 6 juin.

Huelgodt, 3 fév., 2, 26 mars, 25 avril, 19 mai, 25 juin, 16 août, 9 sept., 28 oct., 21 nov., 9 déc.

Landerneau, 3 juin, 9 juillet, 15 juin, 23 sept., 2 j., 24 nov., 2 j., 3me samedi de janv., mars, mai, juil., sept., nov.

Landivisiau, 15, 21, 22 sept., deuxième mercredi de chaque mois.

Lanmeur, 1er vendredi de janv., mars, mai, juil., sept., nov., déc.

Lannilis, deuxième mercredi de janv., mars, mai, juil., sept., nov.

Lesneven, 25 juil., dernier lundi de chaque mois.

Morlaix, 15 oct., 8 janv., 25 nov., deuxième jeudi et deuxième samedi des dix autres mois.

Pleyben, 25 fév., 20 mai, 1 août, 29 oct., 3me mardi de janv., mars, mai, juil., sept., nov., déc.

Ploudalmézeau, 16 janv., 13 mars, 1 mai, 17 juil., 18 sept., 20 nov.

Plouescats 4 fév., 1 avril, 5 juin, 10 août, 18 oct., 2 déc.

Plougastel, 28 des mois de janv., mars, juil., sept.

Pont-Aven, 7 mars, 11 av., 6 mai, 23 j., 26 sept., 1, 19 d.
Pont-Croix, 3e jeudi du mois.
Pont-l'Abbé, 1er jeudi du mois.
Ponthou (le), 1er mardi de janv., mars, mai, juil., sept.,
    novembre.
Quimper, 15 avril, 2 mai, 3e samedi des dix autres mois.
Quimperlé, 3 avril, 3 juin, 13 avril, 24 juil., 16 août, 29
    sept., 28 oct.
Rosporden, 7 janv., 8 fév., 19 mars, 25 avril, 12, 25
    juin, 22 juil., 16 août, 21 sept., 18 oct., 2 nov., 6 déc.
St-Germain, 28 mai, 28 nov.
St-Pol-de-Léon, dernier mardi de fév., avril, juin, août,
    oct., déc.
St-Rénan, 14 janv., 6 mai, 3e mercredi de juin, juil.,
    sept., nov.
St-Thégonnec, premier mardi de janv., mars, mai, juil.,
    sept., nov.
Scaër, 15 janv., 12 mars, 10 avril, 3 mai, 4 juil., 24
    août, 1 oct., 23 nov.
Sizun, 3e jeudi de fév., avril, juin, août, oct., déc.

LES VRAIS HEUREUX.

C'est en vain qu'on cherche le bonheur dans la jouis-
sance des honneurs, des richesses et des plaisirs; on ne
le trouve que dans la vertu. L'expérience nous montre
tous les jours la vérité de cette maxime; mais on en
trouvera une preuve sensible dans le trait que nous allons citer.

Parmi les solitaires qui édifiaient par leurs vertus le désert de Scété, on distinguait surtout Macaire d'Alexandrie et Macaire d'Égypte, unis entre eux par les liens d'une sainte amitié. Un jour que ces deux saints personnages passaient le Nil dans un bac, des officiers, suivis d'un nombreux cortège, se trouvèrent par hasard avec eux. Frappés de la sérénité et de la joie qui éclataient sur le visage des deux solitaires, ils se disaient l'un à l'autre : « Il faut que ces hommes soient bien heureux dans leur pauvreté, car ils ont l'air plus content que ceux qui vivent au milieu des richesses. Vous avez raison, dit Macaire, de nous croire heureux ; on l'est véritablement, lorsqu'on ne désire rien, qu'on ne craint rien, que l'on n'a rien à se reprocher ; et telle est, grâces au Ciel, la disposition où nous nous trouvons. Mais si nous sommes heureux en méprisant le monde, que doit-on penser de vous qui vous plaisez dans ses chaînes ? » Ces paroles, prononcées avec ce ton énergique qui annonce la conviction intérieure de l'âme, touchèrent si vivement l'officier qui avait parlé le premier, qu'espérant de partager le bonheur qu'il enviait aux saints solitaires, il distribua tous ses biens aux pauvres, et embrassa peu après la vie cénobitique. Son espérance ne fut point trompée ; et bientôt il apprit, par sa propre expérience, que la vertu seule fait les vrais heureux.

L'HOMME VRAIMENT À PLAINDRE.

Un malheureux, qui haïssait un saint abbé, nommé Étienne, mit le feu à la grange de son monastère. On vint lui en apprendre la nouvelle, en criant : *Malheur, malheur à vous, Étienne, tout votre blé est brûlé !* Le saint, sans s'émouvoir, répondit : *Malheur, ah ! bien plutôt malheur à celui qui y a mis le feu !* L'abbé avait raison ; ce ne sont point ceux qui endurent le mal, mais ceux qui le font, qui sont véritablement à plaindre ; et, pour me servir ici des expressions d'un homme vertueux de ces derniers temps : *il vaut mieux être opprimé qu'oppresseur.*

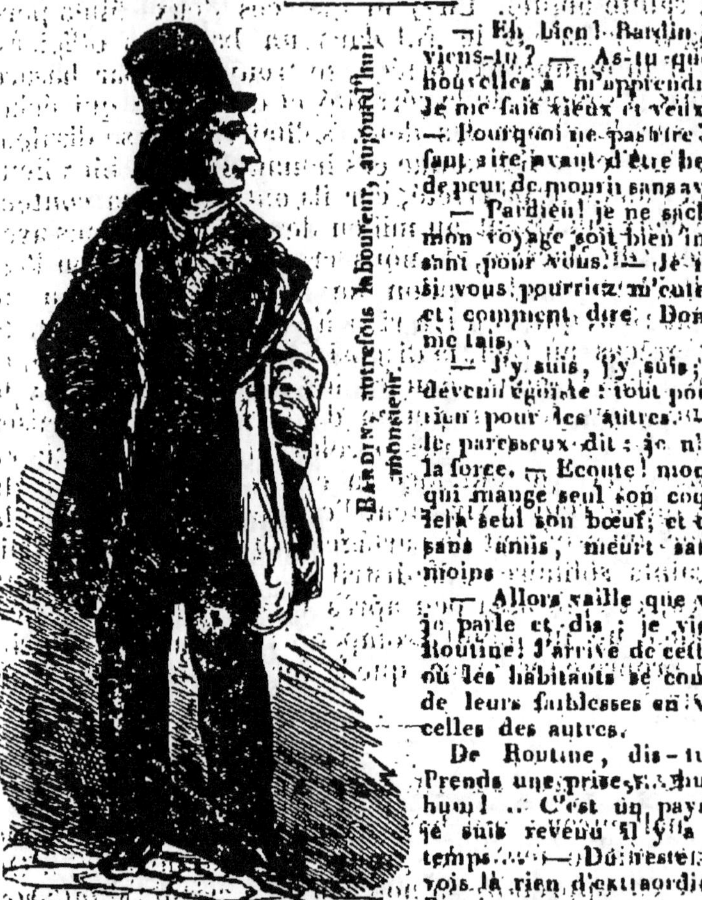

— Eh bien! Bardin, d'où viens-tu? — As-tu quelques nouvelles à m'apprendre? — Je me fais vieux et veux rire! — Pourquoi ne pas rire? — Il faut rire avant d'être heureux de peur de mourir sans avoir ri. — Pardieu! je ne sache que mon voyage soit bien intéressant pour vous. — Je ne sais si vous pourriez m'entendre; et comment dire. Donc! je me tais.

— J'y suis, j'y suis; tu es devenu égoïste: tout pour toi, rien pour les autres. — Fi! le paresseux dit: je n'ai pas la force. — Ecoute! mon ami; qui mange seul son coq, selle seul son bœuf, et qui vit sans amis, meurt sans témoins.

— Allons vaille que vaille, je parle et dis: je viens de Routine! J'arrive de cette ville où les habitants se consolent de leurs faiblesses en voyant celles des autres.

De Routine, dis-tu? — Prends une prise... hum!... hum!... C'est un pays d'où je suis revenu il y a long-temps... — Du reste, je ne vois là rien d'extraordinaire: Routine est partout et nulle part, nulle part et partout. C'est un lieu qui commence je ne sais où et qui se termine je ne sais comment! C'est le tombeau des arts, les ténèbres de la civilisation, la patrie des imbéciles. — Les hommes et les femmes y marchent les talons en avant, la pointe en arrière. Autrefois maître, cela était, mais aujourd'hui c'est différent, autre temps, autres mœurs. La routine crie qu'elle expire, les prés envahissent les blés. Tu n'y penses pas Bardin? Quoi! Lambin, notre grand coureur de foires et de marchés, le soutien de Michel Lapinte, serait changé. — Ma fine! mon père avait bien raison de dire: on se corrige à tout âge; un mot suffit à qui veut entendre, et il faut vivre beaucoup pour beaucoup voir. Jase, je t'écoute.

— Demain, je vous conterai comment on fut sermonné, prêché, rimé et fouetté à Routine. — Dam ! tout le monde a reçu son bouquet : les messieurs comme les paysans, les rentiers comme les marchands.

— Nous allons... autant vaut maintenant que ce soir. Il ne faut jamais faire la nuit ce qu'on peut faire le jour. — Parle, sois bon et prends un siège. Je désire que ta langue, en toute chose observe les règles de prudence que la loi t'impose. Tu connais le proverbe : À bon entendeur demi mot.

— Vous me connaissez depuis trente ans, six mois, quatre jours, deux heures, seize minutes neuf secondes, et savez que je ne mente. — M'est avis que je ne me trompe. Écrivez ! écrivez cette histoire ! Vous l'insérerez dans l'almanach, et les méchants ne diront plus que vos idées sont *aboquétabuc*. Sans différer, je commence.

Grande histoire arrivée hier à *Julien Lambin*, laboureur à la Chopine, commune de Routine, département du Po.

Ce jour-là, il y avait grand chamaillis, bruit et fracas, sous la Halle. Toute la ville était en émoi. Le calme, le silence avaient soudainement disparu. Les femmes montaient sur leurs sabots, les hommes sur leurs chapeaux, le gamin sur sa toupie. Tout le monde voulait voir, même les enfants au maillot.

— Ce qu'il y avait de plus curieux, c'était la joie, la douleur, le plaisir, la tristesse qui se heurtaient dans cet étroit espace. — Les uns riaient, les autres criaient, ceux-là chantaient, ceux-ci pleuraient. — On entendait des voix qui criaient : *Julien Lambin est ruiné, il n'aura point de blé, il n'aura point de blé.*

Je m'approche du groupe, et comprends bientôt que tout le monde veut voir un grand homme habillé de noir, à visage blafard, chapeau cornu, et pieds et mains crochus, fourchus.

Cet animal gros comme un cheval, fin comme un lapin, grand comme un géant, babillait comme une femme. — Il disait entr'autres choses : *Un pré rapporte plus qu'un blé, avec des prés on a du blé.*

Près de lui était un homme armé d'un bâton, gros comme le tonneau, il était rouge comme une pomme, ras comme le trépas, laid comme une plaie, en colère comme une galère. — Son chapeau était huileux et lissé, son gilet unicolore, son col de chemise si exorbitant que ses oreilles se redressaient comme celles d'un mon âne. — C'était Julien Lambin.

Celui-ci excitait le monde à courir sus. — Arrière animal... flic.....marche..... flac.....t arrière..... Malheur à celui qui lui parlera.

— Autrefois, dit-il, cet homme était mon ami, j'aurais donné mon sang pour lui. — Aujourd'hui, c'est mon mauvais génie. — Il m'a ruiné, tous mes blés sont en prés.

La grande bête noire à chaque coup qu'elle recevait, se tapissait du mieux qu'elle pouvait. — Elle gromelait : *Tu es sûr d'avoir du blé. — Avec des prés on a du blé.*

Notre homme ne cessait de crier qu'il n'avait rien dans son grenier. — Il rugit de colère en entendant notre pauvre bête.

Aussitôt, il fondit sur lui et lui fit faire trébuchet.

Le monde de rire comme bien vous le pensez. — Bravo! bravo! s'écrie-t-on de tous côtés. — Victoire! victoire! s'écrie Deroux, le pays est sauvé, vous marcherons encore les talons en arrière.

— Enfoncé l'Almanach! — Enfoncé l'Almanach! entonnent les polissons de la ville. — Nous labourerons comme nos pères! grands pères! grands-grands pères! — Vive jadis! vive autrefois!

Julien Lambin, croyant la bête morte, crie qu'on l'emporte. — Elle vous ruinera, dit-il, si vous l'écoutez. — Elle veut que le premier gagné soit le premier épargné. — Que le pré donne le blé, — que le travail paie les dettes!

Tout-à-coup, on entend un bruit semblable au tonnerre. — Le soleil est caché. — Il fait nuit comme dans un puits.

Nous avons tous peur; personne ne dit mot pas plus qu'une taupe.

Alors un bacchanal à double et triple carillon plus qu'infernal s'élève; — les cloches carillonnent de tous côtés. On ne se connaît plus; — la nuit tous les chats sont gris.

On se bat, on se donne des coups de poing, on s'arrache les cheveux, on se pille, on se rosse. — On casse un bras à l'un, une jambe à l'autre. — Les bonnes femmes pensent à leur tricot et au grand Lucifer, — les ivrognes à la bouteille et au cabaret, — les gourmands au lard et à la marmite.

Quand le bruit fut fini un petit, on entendit Lambin crier d'une voix sourde : *ho!... au secours... assez... ho! ha! grâce... je ferai des prés,... je ferai... ho! grâce... ho!... ouf...*

— Plus rien, a dit Lambin. — C'est que la grande bête venait de corriger Lambin et les amis les routiniers.

— Où est Lambin, disait-on ? — L'as-tu vu ? — Si je l'ai vu ? — Oui, je l'ai vu ! Le diable l'emporte chouriffé, rossé, étrillé.

Si je l'avais sous mes pieds, je le tuerais, dit Louis Cheval, je tuerais le diable.

Prends garde, dit David-des-Bois, ne crie pas si haut, pose ta pipe et fais le mort. — Tu es de la caste des routiniers, et ta peau pourrait faire un baudrier. — Le tambour du village fait plus de bruit que d'ouvrages. — Il ne faut pas jeter sur le bât la faute de l'âne, et qui n'a pas de miel dans sa ruche doit l'avoir dans sa bouche.

Bientôt, le ciel s'éclaire, — il est pourpre et sans nuages. — Le soleil se montre brillant, et les petits oiseaux chantent de nouveau. On regarde de tous côtés, on cherche la grande bête. — Nénni ! elle a disparue.

Tout-à-coup un nouveau bruit se fait entendre. — La terre s'entrouvre, et tout le peuple par respect se découvre.

On ne parle pas, on chuchote bas. — On entend au loin les chats miaulant, les enfants criant, — les femmes caquetant. — Puis des violons, des cors de chasse, des cornets, des clairons, des tambours, des flûtes, des clarinettes font entendre une musique mélodieuse, douce, grave, sévère, montée à la gamme de tons les plus hauts.

On voit alors apparaître un être éblouissant comme le soleil. — Jamais sur terre on n'avait vu son pareil. — Il est dans un char de cristal traîné par seize magnifiques bœufs. Ceux-ci sont couverts de drap d'argent et portent, attaché à chaque corne, un drapeau tantôt vert, tantôt blanc, bleu, noir, rouge, violet, jaune. — Sur les drapeaux est inscrit : Plutôt un âne qui me porte qu'un cheval qui me jette. — Mets ton manteau comme vient le vent. — A marmite qui boue, mouche ne s'y attaque. — Il n'est pas de route mauvaise quand elle est finie. — Qui a une pioche a une maison, etc., etc.

Tout ça, c'est superbe et fait tressaillir les enfants de bonheur. Aussi la joie se propage-t-elle parmi la foule avec autant de rapidité que la maladie du cabaret parmi les hommes.

Cet homme tient à la main le livre de la sagesse, sur lequel sont écrits, en lettres d'or, ces mots :

PROGRÈS.

Point de bonne culture sans prés.
Point de blé sans prés.

Il est de très-haute taille. Sa figure est douce comme une infra-rambie, et sa marche triomphante. Sa barbe est blanche comme du lait, longue et élégamment disposée.

Sa robe est d'or, son chapeau d'or, ses souliers d'or; tout ce qui le recouvre est d'or.

Il connaît tout le monde et personne ne le connaît — Il a tout vu. — Il voit comme je vous vois, sans détourner la tête, derrière, devant, à gauche, à droite, en haut, en bas, au loin, de près.

Il se nomme Pidius, *l'oracle de la vérité.*

Tout aussitôt et comme par enchantement un changement subit s'opère parmi la foule. — Le bruit succède au silence, le mouvement au calme.

On entend : bounb... bounb... zigne... bounb... bound... zigue... zigne... bounb... zigne...

C'est Chinichi qui joue de la grosse caisse. — Il crie à tue tête : *Accourez tous, venez entendre...* avancez dépositaires de mensonges, réceptacles de fourberies, inventeurs de méchanceté, publicateurs de sottises... avancez troglodytes, scythes, polyphèmes... C'est un spécifique unique.... Il guérit tous les maux passés, présents et futurs... Accourez, accourez fénéans, ivrognes, boiteux, accourez....

Alors, on voit aller, venir, courir des individus nouveaux. Qu'est-ce qu'il y a donc? — Que va-t-il se passer? — Pourquoi tout ce bruit et fracas?... Vous ne devinez pas à... *Fidius* veux parler!

A l'instant, de jolies femmes s'accoudent souriantes sur leurs balustrades dorées, de fraîches jeunes filles se montrent aux fenêtres, — les toits, les charrettes, les rues, les places, se couvrent d'hommes, de femmes, de vieillards et d'enfants...

On en voit de grands, petits, gros, courts, longs, bossus, droits, crochus...

— Silence! silence! s'écrient à la fois les polissons...

— C'est bien beau, dit la mère Balai en prenant une prise et laissant tomber les bas qu'elle rapetassait. — Nous allons rire comme des pierrots fous.

Fidius s'avance, salué et dit...

— Ecoutez et demain méditez.

J'ai beaucoup vu et n'ai jamais connu de pays meilleur que le vôtre... Tout y peut venir. Il suffit de dire : *je le veux, c'est ma volonté*. N'écoutez aucuns autres conseils. Je suis le seul qui lit dans l'avenir. — Je suis le seul qui prédit ce qui arrivera.

Malheur à celui qui méconnait mes avis. Chez lui tout ira de mal en pis.

Deux choses vous manquent pour être heureux :
Vouloir et prudence, savoir et patience.
Travaillez! On amasse tous les ans qu'en peine prenant. Celui
qui peut dépenser, peut aussi épargner. — Prends l'occasion par
les cheveux, car qui le temps tient et le temps attend, le temps
vient qu'il se repent. — Ne dis pas, nu je suis né, nu je me
trouve ; donc je ne perds ni ne gagne. — Conserve jeune, tu trou-
veras vieux ; jeunesse oisive, vieillesse laborieuse. Pour le mal d'hier,
il n'y a pas de remède demain.
Sois sobre! Qui boit trop de vin, finit par mourir de faim. —
Ivrogne tu es, ivrogne tu seras, ivrogne tu mourras — Qui a bu
boira, mais qui n'a pas bu ne boira. — Un verre de vin soutient
l'homme, mais dix l'abattent.
Fuis les procès! Procès de voisin, procès de venin. Procès de
parents, procès de méchants. — Le pire des procès, c'est que d'un
il en naît cent ; aussi plutôt mauvais accord que bon procès. —
Quand tu es en paix, rappelle-toi que tu peux venir en querelle,
et quand tu es en querelle, rappelle-toi que tu peux venir en paix.
— Plaider, c'est vouloir se ruiner.
Et toi, maîtresse de maison, fais comme la poule : grain à grain
elle remplit son gésier. — Femme économe est un trésor, femme
sobre vaut son poids d'or. — Si tu n'as pas d'économie tu travail-
leras toute ta vie. — Prends garde que dans ta maison la misère
entre à brassées, elle n'en sort que par pincée. — Qui mal enfourne
tire les pains tordus. — Du fil et une aiguille, c'est à la moitié de
l'habit ; seulement ne parle pas avec les doigts puisque tu ne couds
pas avec la langue.
Jeunes filles, l'eau passée ne fait plus tourner le moulin. Fille
sans soins, fille sans destin. — La fille et la poule se perdent à vouloir
trotter. — Parlez peu, car la fumée et la fille bavarde chassent
l'homme de la maison ; et en fille comme en pie, la meilleure est
celle qui se tait. — Fille coquette, fille folette ; c'est que fille pou-
lette et poule qui pond, font grand bruit à la maison. — Fille qui
ne file guère a toujours mauvaise chemise.
Jeunes gens, mes bons amis, ne dites pas la maison brûle,
chauffons-nous. — L'œil du maître engraisse le bœuf, et qui graisse
sa charrette aide à ses bœufs. — Pense lentement et agis vite. —
Pour toutes choses, en penser plusieurs, en faire une seule. — Fils
tu es, père tu seras ; ce que tu donnes, tu recevras. — Mieux vaut
bonne espérance que mauvaise possession. — Les désœuvrés et
paresseux, sont comme les frelons qui mangent le miel fait par les
laborieuses abeilles.
— Arrêtez ! arrêtez ! s'écrie Jacques Cheval, et rendez-nous
Lambin, ou si non.....
Tout en disant ces mots, il s'approche de Fidius.
A le voir, on aurait dit une puce voulant se mesurer à l'éléphant.
— Silence ! silence ! disent les assistants. — Non ! non ! il faut le
tuer, c'est un démon. Il veut nous gouverner et prétend nous
sauver. — Est-ce que nous avons péché, — lui avons-nous demandé
de l'argent pour aller chez Nicolas Chopine.

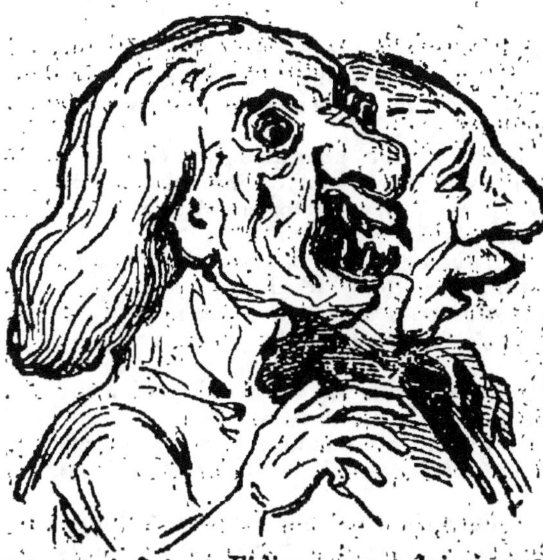

— Pas mal dit, ajoute Grugetout et son fils Vide Assiette. — Tu es moins sot que je ne croyais. — Continue.

— Il faut lui prouver que le pays n'a pas la berlue, et que nous ne serons jamais las de boire, manger et dormir.

— Oh! il ne manque pas d'esprit, dit Si mon Luzerne; il en aurait d'avantage s'il travaillait un petit, si sa bouche était moins grande, et sa bourse plus lourde.

A peine Cheval était-il arrivé devant Fidius, que celui-ci posa sa baguette d'or sur sa tête, lui fit faire un saut de 16 pieds, l'éleva à une grande distance de terre et le cola au pignon de la halle.

Pauvre Jacques, il faisait une figure à faire peur au grand Lucifer. Il était suspendu par les cheveux.

Tout le monde disait: il est mort, il va mourir. — Ça n'est rien, dit Vadelavant. La Routine ne meurt pas comme ça, elle a la vie dure. — Elle crie bien quand on l'écorche, mais elle a mille manières de revenir.

— Mes bons amis, reprend Fidius, l'Almanach commence. Je demande votre attention.

Des Labours.

La terre est maligne et revêche. Pour qu'elle donne, il faut lui obéir.
— Aujourd'hui, elle ne marche qu'un petit. - Les mauvais laboureurs l'écrasent, les mauvaises herbes la mangent.

Il y a cent manières de labourer. — Vous connaissez le labour en sillons.

Il est bon dans les terres mouillées. — Le fumier n'est pas lavé et dure plus d'une saison. — L'eau coule dessus et ne nuit point au blé. — Mais il faut dire tout, raconter tout et ne voler personne.

— C'est vrai! dit Jean Hue, il faut tout conter. — Celui qui cache la vérité est comme le cheval, souvent rossé et étrillé; on n'est jamais mieux trompé que lorsqu'on trompe les autres.

— Mes amis, ajoute Fidius, si les sillons sont bons dans les terres mouillées, ils sont bien mauvais dans les terres brûlées. C'est que dans les terres chaudes, légères, le fumier est mangé aussi vite que le vent, et profite peu au blé, au froment.

Croyez-moi, dans les terres légères, il faut labourer à plat pour le blé, le froment et l'orge. Les récoltes y sont plus belles. Les blés mangent la mauvaise herbe et poussent à foison.

Le labour à plat n'est pas difficile; vous savez tous labourer à plat. — Demandez aux bretons, ils vous diront : Le blé noir dans les terres chaudes, les années sèches, est plus beau quand on laboure à plat que lorsqu'on laboure en sillons.

Je sais que vous direz que je suis un fou, un sot, un imbécile. — Tout ce que vous direz ne m'empêchera point de marcher. — Si ma charrette est embourbée, je travaillerai et prendrai le mal en patience. Je n'irai point le galop, mais j'arriverai.

Le labour à plat a beaucoup d'avantages. La charrue remue mieux la terre. — Les semailles s'y font plus vite, — les charrois y sont plus faciles, — le chiendent, la vinette et les autres mauvaises herbes y croissent moins, — les labours s'y font en long en travers, en haut, et en bas du champ.

Pour bien labourer à plat, il faut avoir une bonne charrue à soc plat. — La planche doit être un petit haute au milieu.

C'est en hiver qu'on doit commencer à labourer. Les gels, dégels divisent et graissent les terres fortes, font périr la mauvaise herbe et tuent les insectes.

Un mois, deux mois plus tard, ça n'est rien. — Impossible d'indiquer le jour, mais le plutôt est le meilleur. Tant vaut le travail de l'homme, tant vaut celui de la terre.

Dam! mes amis, labourer la terre pendant l'hiver, c'est un travail utile. Sans cela la terre reste méchante, ingrate, et paie mal le laboureur.

Parlez à Bardin, il vous dira tout ça; il a voyagé, il a vu ce qu'on ne fait pas chez nous. — Il a pris le bon, laissé le mauvais et est devenu bon laboureur. — Tout n'est pas dit sur le labourage. L'an prochain nous y reviendrons. — C'est aussi votre avis.

De la Semence.

Toujours la même, rien de moins, rien de plus. Faut-il toujours la renouveler? Non, vous ne pourriez tous les ans. — Mais ce qu'il faut faire, et ce que vous ne faites pas, c'est de la soigner, éplucher, trier, vanner et cribler; qui se couche avec les chiens se lève avec les puces.

La mauvaise graine est maligne; elle se cache pour manger un jour le blé.

Tu as beau dire: sème! sème! nous sarclerons! ton froment sera toujours mangé par l'herbe et restera petit.

Ce n'est pas une fois qu'il faut cribler, trier ta semence, c'est deux fois, c'est dix fois. — Celui qui consacre une semaine tous les ans à enlever la mauvaise graine est sûr d'avoir moins de peine, et de récolter les boisseaux par centaine.

Choisis 20, 40, 100 gerbes de ton plus beau champ. — Bats en pointe et recueille le grain. — Crible, vanne, n'épargne rien, ni travail, ni peine.

Si tu as des enfants trop faibles pour t'aider, avant de battre, qu'ils choisissent les beaux épis à la main. Ce travail sera pour toi d'un grand destin. Tu sèmeras ce que tu auras. L'an prochain, tu posséderas la quantité nécessaire. — L'année suivante tu recommenceras.

Quand l'époque des semailles sera arrivée, tu chauleras ton blé.

Verse de l'eau et ton grain dans un large baquet et remue avec
soin. — Les mauvais grains viendront dessus, et tu les enlèveras
promptement.

Alors retire la semence et chaule la bien.

C'est grand travail diras-tu ! — Mon Dieu, non. — Tout cela ne
demande grande peine et c'est tôt fait. Négligence et paresse dis-
sipent grande richesse. Le vent qui court change la girouette, mais
non la tour. — Mal aboie le chien quand il aboie de peur. — Le
rayon de miel est doux, mais l'abeille pique.

Des Racines.

Introduisez ! multipliez ! cultivez les racines. — Avec des racines,
on nourrit cent fois plus de bétail.

J'entends dire, nous avons des pâtures, et notre bétail est bon. —
Vous n'avez pas raison. Écoutez ! — Vos bestiaux ne meurent pas
de faim, c'est vrai ! mais, croyez-vous que quand vos animaux vont
se vider dans les champs, vous avez des mines de fumier — Non !
vous êtes trop sage pour penser autrement. — Vous avez où vous
n'avez pas.

Pourquoi obtenez-vous plus de fumier durant l'hiver ? — Vous
n'osez parler ! — Vous êtes indécis de la cause ! — Eh bien ! moi, je
la connais. — Je dis, vos pâtures ne suffisent plus pour nourrir votre
bétail. La saison est froide, la terre humide. Il reste à l'étable et vous
lui donnez bonne litière, du foin et un petit de pommes de terre,
navets ou choux. —

Alors, il n'y a rien de perdu. — La fabrication du fumier marche
et marche bien. — On fait deux fois, que dis-je deux fois, vingt fois,
trente fois plus d'engrais. — Tout est en espérance. — Gerbes dans
les champs, foin dans les prés, — bétail sous le toit.

Faites-donc des racines pour nourrir vos bestiaux un petit plus
long-temps à l'étable. — Vous aurez alors des prés, du trèfle, et
les prés et les trèfles donneront seuls le blé.

Des Betteraves. Quelle bonne racine ! quelle bonne nourriture !
— Cultivez la betterave, elle vient dans les terres fortes.

— Labourez en décembre, — fumez en janvier et février et labourez
encore.

Au mois de mars, semez la graine dans vos pourpris et jardins.

Après avoir éclairci et sarclé, vous planterez en mai et juin. La
disette reprend facilement, même par la sécheresse. — A l'automne
vous arracherez et metterez les racines en sillos.

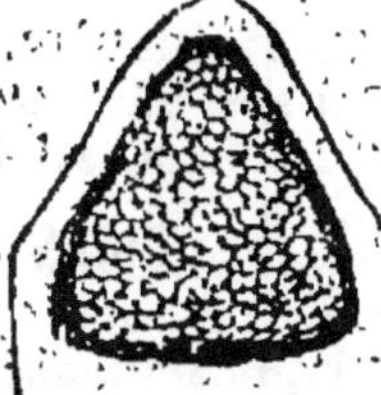

Mes amis voici
comment on les
construit.

La betterave est bonne pour les vaches, les bœufs, les brebis et
les chevaux. — Elle donne le lait ou la graisse. — Quatre livres ou
deux kilog. valent une livre ou demi-kilog. de foin.

Ne croyez pas que je m'abuse. C'est à prendre ou à laisser. — Le fumier et le travail font tout.

La disette vient mal dans les terres noires, inutile d'en planter. On ne peut demander la poire à l'ormeau, et qui va en arrière fait deux fois le chemin.

A peine Fidius avait-il terminé la culture de la betterave qu'on entendit au loin ces mots : faites place ! faites place ! laissez passer l'ambassadeur du comice.

On vit bientôt arriver à la halle un magnifique cheval blanc, remarquable par son impétuosité. Il était monté par le petit *Joseph*. Ce cheval était si doux, docile, tranquille, que l'enfant le dirigeait sans le secours de bride et de baguette.

Seigneur, dit le petit en s'adressant à Fidius, mes maîtres, vos serviteurs, ont entendu parler de votre savoir, et m'ont chargé de vous demander votre avis sur le rutabaga.

Tracez, suivant votre volonté, la route à suivre. Nos laboureurs s'y conformeront tellement que jamais ils ne s'en écarteront d'un point. Ils pensent..... Maroufle, dit Arrière, veux-tu te taire, crois-tu que cet imbécile en sait plus long que nous. — Au village, comme au village. Si nous ne sommes pas éduqués, je connaissons le métier.

— On ne nous en fera pas à croire. Ce qui était, sera toujours. — Vous aurez beau faire, nous ne changerons pas notre culture. J'avons vécus, nos enfants vivront aussi.

Vous avez rêvé cela, bonhomme, reprit le petit, ou vous êtes malade. Le passé ne ressemble plus au présent, et celui-ci ne ressemblera pas à l'avenir. Pour parler ainsi, il faut que vous soyez cousin de Thomas Carreau qui a fait écrire sur sa porte : *Mariage, succession.* —

En attendant l'héritage et l'héritière, la terre se repose et ne produit rien. Qui compte sans son hôte compte deux fois ; tel va cherchant de la laine et revient tondu, et mieux vaut aujourd'hui l'œu que demain la poule.

Du Rutabaga. Fidius qui avait accueilli la prière de Joseph, montra à la foule un superbe rutabaga, et dit : Il convient aux mauvaises terres noires. Dans les landes de bruyère, il vient gros comme tête.

On sème la graine du 1er au 15 mars. — Plus tôt, il monte au printemps. Plus tard, il lève et pousse mal.

Au mois de juin on le pique comme des choux. — Le plant doit être fort gros, court; — le long, faible, petit ne vaut rien, il ne grossit. — Il faut tremper les racines dans une bouillie faite avec des bouses de vaches et de l'eau de fumier.

Le Rutabaga reste en place durant l'automne et l'hiver. — C'est dur et ça ne gèle pas, si la terre n'est pas mouillée.

Quand on veut le conserver en cave, on l'arrache en novembre, par un temps sec. — Le bâtiment doit être très sec.

Le Rutabaga convient aux bœufs, vaches et brebis. — Quatre livres ou deux kilog., valent une livre ou un demi kilog. de foin.

Cela dit, Joseph partit au galop. Son cheval était si rapide qu'on aurait dit qu'il volait. — C'est qu'il avait hâte de devancer les paresseux.

Des Engrais.

Mes amis, je vais vous cajoler un petit. Jamais je n'ai vu de fumier mieux fait. — Qu'en pensez-vous? — Réfléchissez!

Durant la mauvaise saison vous recueillez avec soin les herbes, les feuilles d'arbres pour les placer dans les cours, chemins, étables. — Ce que vous faites, vous le ferez toujours.

En sera-t-il ainsi pour ce que je vais dire?

— J'en doute. Vous êtes quelquefois bien entêté et ressemblez souvent à un âne mal bâté.

— Avez-vous remarqué, l'état de vos fumiers durant l'hiver et l'été? Non, assurément.

— Eh bien! dans les pluies il s'écoule de vos tas un liquide noirâtre. C'est le suc de l'engrais. Qu'en faites-vous? — Parlez.

— Rien. — Ça ne m'étonne! J'y comptais.

En été, au contraire, votre fumier est blanc et brûlé. — Jamais vous ne l'arrosez. — C'est à tort. Le fumier perd de son poids, de sa qualité.

Creusez donc une fosse, près de vos fumiers, pour recueillir le jus qui s'en échappe et le conserver.

Quand elle sera pleine, vous enlèverez le jus et le repanderez sur le tas s'il fait sec, ou le conduirez sur vos prés. — On se sert pour cela d'un tonneau. — A l'été vous agirez de même.

Tout ceci est simple et facile. Qui ne veut, ne peut, mais qui le voudra le pourra. Celui qui laisse le grand chemin pour la traverse, pense aller plus droit et fait un circuit. — Fais-moi la barbe, je te ferai le toupet.

____

Durant ce dernier discours un nouvel ambassadeur était arrivé. Il voulait connaître l'histoire de Boisvin qui, depuis dix ans, ne boit que de l'eau.

— Cela est facile dit Fidius. Boisvin, laboureur à la Fontaine, était autrefois grand amateur de routine. — Depuis vingt ans il cultivait et n'était pas plus riche pour cela.

Du matin au soir il ne faisait rien, et le dimanche et le lundi il était au cabaret. — Ça faisait pitié. — Sa maison était gouffre où tout s'anéantissait : cidre, vin, blé, animaux, or et argent.

Maître Bardin lui avait souvent dit : Boisvin, tu te ruines, tu finiras mal.

Rien! la bouteille et le pichet, la dispute et le procès. — Voilà ou résidait son bonheur!

O! chien d'ivrogne, animal dégradé, cent fois plus misérable que le fainéant! Oublieras-tu toujours et la morale et tes enfants!

Jugez par vous-même. Regardez! Voyez cet animal dégradé, couvert de honte.

C'est un homme rongé par le vice de l'ivrognerie. — Il boit le pain de ses enfants.

— Arrière, fléau du pays — Frappons, frappons fort sur cette bête abrutie par le vin. — Elle n'inspire ni respect ni charité!

Depuis long-temps, mes bons amis, je suivais Boisvin dans ses travaux. — Cela était facile alors, il n'allait le galop.

Je voulais étouffer le vice et l'empêcher de s'abattre sur ses enfants. — Un ivrogne est un fainéant. Ses défauts sont des habitudes, et ses habitudes des vices.

Je voulais que ses enfants marchassent sans rougir et le front haut, et qu'ils ne disent un jour comme disait leur père : rien pour mon vieux père, pour ma mère infirme, pour mes enfants ; tout pour boire, boire encore, boire toujours.

Mes leçons ont été heureuses. — A force de soin et de patience on parvient à tout. —

Aujourd'hui, il travaille, fait des prés, nourrit beaucoup de bétail, est sobre et économe.

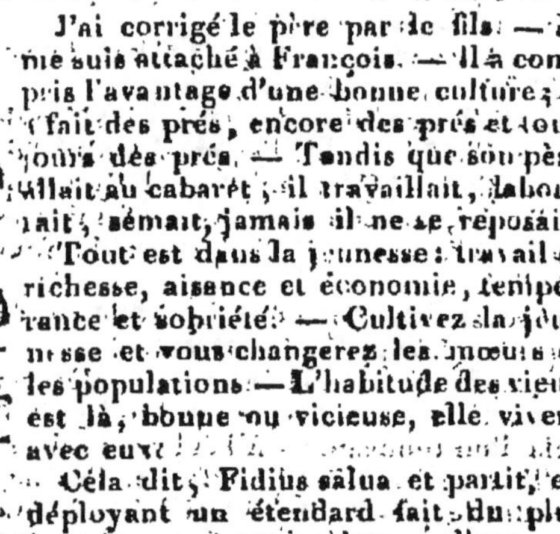

J'ai corrigé le père par le fils. — Je me suis attaché à François. — Il a compris l'avantage d'une bonne culture ; il fait des prés, encore des prés et toujours des prés. — Tandis que son père allait au cabaret, il travaillait, labourait, semait, jamais il ne se reposait.

Tout est dans la jeunesse : travail et richesse, aisance et économie, tempérance et sobriété. — Cultivez la jeunesse et vous changerez les mœurs et les populations. — L'habitude des vieux est là, bonne ou vicieuse, elle vivra avec eux.

Cela dit, Fidius salua et partit, en déployant un étendard fait du plus beau brocard. On y voyait inscrit ces mots en lettres d'or :

Prés ! prés ! prés ! prés ! prés ! prés !
Malheur à qui ne fera pas de prés.
Sans prés : ruine et misère.
Avec les prés : aisance et richesse.
Honneur au bon cultivateur !

Fait au village, le 2me lundi de juillet 1843.

PIERRE BARDIN.

Signé et certifié véritable,

GUSTAVE HEUZÉ, laboureur à Grand-Jouan.

Nantes, Imprimerie de Vincent Forest, quai de la Fosse, N° 2.

www.ingramcontent.com/pod-product-compliance
Lightning Source LLC
LaVergne TN
LVHW050317030726
842520LV00005B/1640